손에 잡히는
라즈베리 파이
Getting started with
Raspberry Pi
2nd edition

Getting Started with Raspberry Pi, 2nd Edition

by Matt Richardson and Shawn Wallace

손에 잡히는 라즈베리 파이

초판 1쇄 발행 2015년 9월 15일 **지은이** 매트 리처드슨·숀 월리스 **옮긴이** 황주선 **펴낸이** 한기성 **펴낸곳** 인사이트 **편집** 조은별 **본문 디자인** 윤영준 **제작·관리** 박미경 **표지출력** 소다디자인프린팅 **용지** 월드페이퍼 **인쇄** 현문인쇄 **제본** 자현제책 **등록번호** 제10-2313호 **등록일자** 2002년 2월 19일 **주소** 서울시 마포구 잔다리로 119 석우빌딩 3층 **전화** 02-322-5143 **팩스** 02-3143-5579 **블로그** http://blog.insightbook.co.kr **이메일** insight@insightbook.co.kr **ISBN** 978-89-6626-162-8 책값은 뒤표지에 있습니다. 잘못 만들어진 책은 바꾸어 드립니다. 이 책의 정오표는 http://www.insightbook.co.kr/44484에서 확인하실 수 있습니다. 이 도서의 국립중앙도서관 출판예정도서목록(CIP)은 서지정보유통지원시스템 홈페이지(http://seoji.nl.go.kr)와 국가자료공동목록시스템(http://www.nl.go.kr/kolisnet)에서 이용하실 수 있습니다.(CIP제어번호: CIP2015022132)

일러두기

- 「Getting Started with Raspberry Pi, 1/E」은 「라즈베리 파이 시작하기」라는 제목으로 2013년 제이펍 출판사에서 번역 발간된 바 있습니다.
- 「손에 잡히는 라즈베리 파이」는 라즈베리 파이 2 모델 B를 기준으로 내용을 업데이트했습니다. 그러나 이 책의 설명이나 예제 코드가 라즈베리 파이 2에만 적용되는 것은 아니며, 필요한 경우 보드 버전별로 설명을 추가했습니다. 따라서 모든 라즈베리 파이 보드 사용자가 문제 없이 책을 보실 수 있습니다.

손에 잡히는
라즈베리 파이

매트 리처드슨 · 숀 월리스 지음 | 황주선 옮김

인사이트
insight

차례

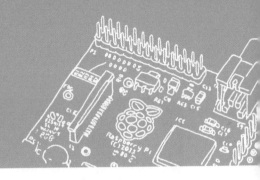

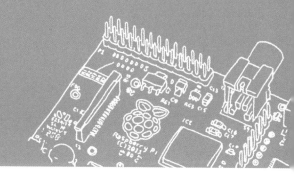

옮긴이의 글

라즈베리 파이는 작고 저렴한 컴퓨터입니다. 교육용으로 개발된 라즈베리 파이는 리눅스 운영체제, 스크래치 및 파이썬, 전자부품을 직접 연결할 수 있는 입출력 인터페이스, 이더넷 포트와 USB 포트, 그리고 다양한 응용프로그램 등을 갖추고 있습니다. 덕분에 파이는 교실이나 강의실에 머물지 않고 연구실과 실험실, 다양한 전시회와 발표회장, 그리고 가정과 사무실 등으로 사용처를 넓히며 짧은 시간 안에 전세계 수많은 사용자들이 사랑하는 기기로 자리잡을 수 있었습니다.

활발하게 발표되는 수많은 라즈베리 파이 활용 사례들은 이 작고 강력한 장치가 다양한 요구와 창의력이 교차하는 지점에 있다는 점을 보여 줍니다. 하지만 오히려 그러한 점이 라즈베리 파이의 고유한 특징을 간과하게 하거나 처음 시작하는 사용자들을 혼란스럽고 부담스럽게 만들기도 합니다. 가령, 수업 시간에 처음 라즈베리 파이를 접한 학생들은 종종 '아두이노와 다른 점은 무엇인가요?', '그것은 데스크톱이나 노트북에서도 구현할 수 있지 않나요?'라고 묻곤 합니다. 또한 다소 걱정스러운 표정으로, '그렇다면 라즈베리 파이는 무엇부터 배워야 하나요?'라고 질문하기도 합니다. 이 책은 그러한 질문들에 대해 훌륭한 답변을 제시하고 있습니다. 처음 라즈베리 파이를 접하는 독자들이 파이의 특징과 가능성을 잘 이해할 수 있도록 다양한 활용 사례들을 소개하는 한편, 풍부하고 재미있는 예제들을 통해 파이에 대한 다양한 경험을 할 수 있도록 안내하고 있습니다. 또한 예제들은 프로그래밍과 전자회로에 대한 경험이 없는 독자들도 부담 없이 따라 할 수 있도록 간결하고 친절하게 구성되어 있습니다. 뿐만 아니라, 중간 중간 소개하고 있는 유용한 팁과 정보들, 그리고 참고 사이트들은 저자의 식견과 경험이 얼마나 폭넓으며 독자의 요구를 잘 이해하고 있는지 보여줍니다. 덕분에 이 책에는 단순한 입문서 이상의 가치가 담겨 있습니다. 역자가 그러했듯, 독자들이 이 책을 통해 라즈베리 파이에 대한 갈증을 다소나마 해소할 수 있다면 더없이 기쁘겠습니다.

좋아하는 책을 번역하여 보다 많은 독자들과 공유할 수 있다는 점은 참 근사하고 즐거운 일입니다. 이번에도 운 좋게 그러한 기회를 얻었을 수 있었습니다. 특히, 책을 번역하는 중에 라즈베리 파이 2가 출시되는 일이 있었지만, 인사이트 한기성 대표님과 조은별 편집자님의 격려와 조언 덕분에 무사히 그리고 더욱 의욕 넘치게 작업을 진행할 수 있었습니다. 두 분께 깊이 감사드립니다.

2015년 8월
황주선

들어가는 글

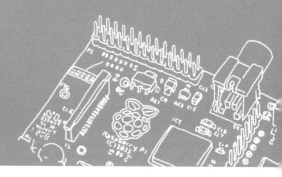

라즈베리 파이가 처음 발표되었을 때 사람들의 반응은 회의적이었다. 단돈 35달러(약 39,000원)에 불과한 신용카드 크기의 컴퓨터에 대한 이야기가 한낱 몽상에 불과해 보였기 때문이다. 하지만 실제로 라즈베리 파이가 배송되기 시작하자 사람들은 그야말로 흥분의 도가니에 빠져들었다.

몇 달이 지나도 공급이 수요를 감당할 수 없었다. 그리고 시간이 흘러도 이 미니 컴퓨터를 구입하려는 사람들의 대기 행렬은 좀처럼 줄어들지 않았다. 가격은 차치하더라도, 도대체 라즈베리 파이의 그 무엇이 이렇게도 하드웨어에 굶주린 사람들의 인내심을 시험했던 것일까? 라즈베리 파이의 면모를 살펴보기 전에 먼저 라즈베리 파이가 무엇을 위해 만들어졌는지 살펴보자.

케임브리지 대학교의 에벤 업튼(Eben Upton)과 동료들은 요즘 컴퓨터학과에 지원하는 학생들의 기량이 1990년대의 학생들에 비해 부족하다는 사실을 깨달았다.

그들은 이렇게 된 이유 중 하나가 바로 '이전 세대가 프로그래밍 기량을 연마할 수 있었던 아미가(Amiga), BBC 마이크로스(BBC Micros),

스펙트럼 ZX(Spectrum ZX) 그리고 코모도어 64(Commodore 64) 등의 장치를 최근의 가정용 컴퓨터와 게임 콘솔들이 밀어냈기 때문[1]이라고 잠정적인 결론을 내렸다.

즉, 근래의 가정용 컴퓨터는 가족 구성원 모두가 자주 사용하는 중요한 장치이기 때문에 어린이에게는 만지작거릴 기회가 돌아가지 않게 되었고, 나아가 망가질 것을 우려해서 아예 어린이는 접근도 못하게 막는 경우가 빈번해졌다.

그런데 최근 몇 년 동안 이동 전화나 태블릿에 사용되는 프로세서의 가격은 점점 더 떨어지는데 비해 성능은 오히려 더욱 좋아지는 추세를 보이고 있다. 덕분에 라즈베리 파이와 같은 초저가 컴퓨터 보드가 출시될 수 있는 길도 활짝 열리게 되었다.

리눅스의 창시자인 리누스 토발즈(Linus Torvalds)가 BBC 뉴스와의 인터뷰에서 언급했듯이, 라즈베리 파이 덕분에 이제 "실패는 감당할 만한 것이 되었다."[2]

라즈베리 파이로 할 수 있는 것들

라즈베리 파이는 어느 한 가지로 용도가 제한되지 않기 때문에 더욱 근사한 장치가 될 수 있다. 비디오를 시청하거나 웹 서핑을 즐기는 데 사용할 수도 있고, 보드를 해킹하고 학습하는 데 활용할 수도 있으며 프로젝트용으로 사용할 수도 있다. 그만큼 라즈베리 파이는 오락, 개발 그리고 실험 등에 두루 사용될 수 있는 매우 유연한 플랫폼을 제공한다. 라즈베리 파이 활용 분야 중 일부를 소개하자면 다음과 같다.

---

1 http://www.raspberrypi.org/about/
2 Leo Kelion, 〈Linus Torvalds: Linux Succeeded Thanks to Selfishness and Trust〉, BBC News, June 12, 2012.

다목적 컴퓨팅

라즈베리 파이는 컴퓨터다. 그러므로 컴퓨터로 사용할 수 있다. 1장에서 라즈베리 파이에 대한 기본적인 사용법을 익히고 나면 우리가 일반적으로 사용하는 컴퓨터처럼 라즈베리 파이를 사용할 수 있다. 라즈베리 파이를 그래픽 데스크톱 운영체제 환경으로 부팅해서 웹 브라우징을 하는 것은 물론, 문서나 스프레드시트 작성을 지원하는 리브레오피스(LibreOffice) 같은 프로그램이나 그 외 다양한 무료 소프트웨어를 설치해서 얼마든지 마음껏 활용할 수 있다.

프로그래밍 학습

라즈베리 파이는 어린이들의 다양한 컴퓨터 실험을 장려하는 교육용 도구로 개발되었다. 그래서 라즈베리 파이에는 다양한 프로그래밍 언어용 인터프리터와 컴파일러가 내장되어 있다. 초보자들은 MIT에서 개발한 그래픽 프로그래밍 언어인 스크래치부터 시작하는 것이 좋다. 스크래치는 이 책의 6장에서 다룬다. 코드를 작성하고 싶다면 파이썬 프로그래밍 언어로 시작하는 것이 좋다. 파이썬은 4장에서 다룬다. 그렇다고 라즈베리 파이에서 스크래치나 파이썬만 사용할 수 있다는 의미는 아니다. 사용자가 원한다면 C, 루비(Ruby), 자바(Java) 그리고 펄(Perl) 등과 같은 프로그래밍 언어들도 얼마든지 사용할 수 있다.

프로젝트 플랫폼

라즈베리 파이는 일반 컴퓨터에 비해 저렴하고 크기도 작다. 일반 컴퓨터와의 가장 큰 차이점은 무엇보다도 전자장치 프로젝트에 통합될 수 있다는 점이다. 이 책의 8장부터는 라즈베리 파이로 LED와 교류 전원 장치들을 제어하고 버튼과 스위치의 상태를 읽는 방법을 알아본다.

제품 프로토타이핑

요즘 전자 제품들은 점점 더 리눅스 컴퓨터를 내장하는 추세이며 덕분에 임베디드 리눅스 세계가 그 어느 때보다 가까워졌다. 라즈베리 파이를 사용하면 일상에서 유용하게 사용할 수 있는 근사한 임베디드 리눅스 제품을 개발할 수 있다. 특히 라즈베리 파이 컴퓨트 모듈(라즈베리 파이 보드의 소형 버전. 이에 대해서는 나중에 다시 설명한다)을 사용하면 라즈베리 파이를 내장한 제품도 개발할 수 있다.

메이커를 위한 라즈베리 파이

메이커들은 기술 기반의 프로젝트를 진행하기에 앞서 시중의 수많은 플랫폼 중 프로젝트의 토대로 사용하기에 적절한 플랫폼을 선택한다. 최근에는 아두이노처럼 작업하기 용이한 마이크로컨트롤러 개발 보드가 인기 있는 플랫폼으로 각광받고 있다. 아두이노 같은 마이크로컨트롤러에 비해 라즈베리 파이와 같은 단일 칩 시스템(System on a chip, SOC) 플랫폼은 여러 면에서 다르다. 사실 라즈베리 파이는 아두이노보다는 컴퓨터와 더 공통점이 많은 장치다.

　라즈베리 파이가 마이크로컨트롤러보다 우수하다고 주장하는 것이 아니다. 라즈베리 파이와 마이크로컨트롤러는 서로 쓰임새가 다르다. 가령, 간단한 온도 조절 장치를 만든다고 할 때, 수월하게 제작하는 것이 중요하다고 생각한다면 아두이노나 그와 유사한 마이크로컨트롤러를 사용하는 편이 좋을 것이다. 하지만 인터넷을 통해 원격으로 온도 조절 장치에 접속해서 설정 사항들을 수정하거나 또는 기록 파일을 다운 받도록 하는 등의 기능을 갖추는 것이 중요하다고 생각한다면 라즈베리 파이를 사용하는 편이 좋을 것이다.

어떤 플랫폼을 선택하느냐의 문제는 결국 프로젝트의 요구사항에 따라 결정된다. 그리고 사실 라즈베리 파이나 아두이노 중 어느 하나만 선택해야 하는 것은 아니다. 7장에서는 라즈베리 파이로 아두이노를 프로그래밍하고 나아가 서로 통신하는 방법에 대해서도 알아볼 것이다.

이 책을 읽는 동안 독자는 라즈베리 파이의 강점을 차츰 이해하게 될 것이다. 그리고 어떻게 라즈베리 파이가 메이커의 역량을 넓히는 도구가 될 수 있는지도 알게 될 것이다.

라즈베리 파이로 할 수 있는 많은 것들

라즈베리 파이로 할 수 있는 일들은 정말 많아서 책 한 권에 다 담을 수 없을 정도다. 그래도 그중 몇 가지 대표적인 사례를 알아보자.

미디어 센터

라즈베리 파이는 HDMI와 콤퍼짓(Composite) 비디오 출력 단자를 모두 갖추고 있어서 텔레비전에 쉽게 연결할 수 있다. 또한 고해상도 비디오를 전체 화면으로 재생할 수 있을 정도로 영상처리 능력이 강력하다. 이에 따라 무료 오픈 소스 미디어 재생기인 XBMC(http://kodi.tv/)의 개발팀은 라즈베리 파이에서도 이 미디어 재생기를 사용할 수 있도록 손을 봤고, 그 덕분에 사용자는 파이의 멀티미디어 처리 능력을 충분히 활용할 수 있게 되었다. XBMC는 다양한 미디어 형식을 재생할 수 있고, 버튼과 텍스트 인터페이스도 큼직하여 화면에서 멀리 떨어진 소파에서도 쉽게 제어할 수 있다. XBMC 덕분에 라즈베리 파이는 사용자가 맘껏 꾸밀 수 있는 홈 엔터테인먼트 센터로 변신할 수 있게 되었다.

'베어 메탈(Bare metal)' 컴퓨터 해킹

컴퓨터 프로그램을 작성하는 사람들 대부분은 윈도우나 맥 OS와 같이 특정한 운영체제에서 실행될 수 있는 코드를 작성한다. 즉, 라즈베리 파이 사용자라면 대부분 리눅스에서 실행되는 코드를 작성할 것이다. 하지만 만약 운영체제의 지원 없이 직접 프로세서에서 실행되는 코드를 작성할 수 있다면 무엇을 할 수 있을까? 사용자가 마음만 먹는다면 자신만의 운영체제를 처음부터 작성해 나갈 수도 있을 것이다. 케임브리지 대학교의 컴퓨터 연구실은 어셈블리 코드로 자신만의 운영체제를 한 단계씩 작성해 나갈 수 있는 무료 온라인 과정을 제공하고 있다(http://www.cl.cam.ac.uk/projects/raspberrypi/tutorials/os/).

리눅스와 라즈베리 파이

컴퓨터에는 일반적으로 윈도우, 맥 OS X 또는 리눅스와 같은 운영체제가 설치되어 있다. 컴퓨터를 켜면 운영체제가 실행되고, 덕분에 사용자의 응용프로그램은 컴퓨터의 하드웨어가 제공하는 기능에 접근할 수 있다. 가령, 인터넷에 접속하는 응용프로그램을 만들고 싶다면 운영체제가 제공하는 인터넷 접속 기능을 이용하면 된다. 덕분에 사용자는 프로그램을 만들 때 시중에 출시된 수많은 이더넷이나 와이파이 하드웨어의 특징을 모두 이해하거나 개별 하드웨어를 일일이 염두에 두지 않아도 된다.

여느 컴퓨터와 마찬가지로 라즈베리 파이에도 운영체제가 설치되어 있다. 바로 리눅스를 적절하게 다듬은 '라즈비안(Raspbian)'이라는 운영체제다. 리눅스는 무료인데다가 오픈 소스이기 때문에 라즈베리 파이와 매우 잘 어울린다. 무료이기 때문에 플랫폼의 가격을 낮춰 주고, 오픈 소스이기 때문에 사용자가 자신의 취향에 맞게 개조할 수 있는 가능성을 활짝 열어 두기 때문이다.

라즈비안 운영체제만 라즈베리 파이에 설치할 수 있는 것은 아

니다. 수많은 리눅스 수정판이나 배포판도 설치할 수 있다. 심지어
는 리눅스 이외의 운영체제를 설치하는 것도 가능하다. 다만 이 책
은 라즈베리 파이의 다운로드 페이지(http://www.raspberrypi.org/
downloads/)에서 제공하는 표준 라즈비안 배포판을 기준으로 집필했
음을 밝혀 둔다.

리눅스가 낯설더라도 걱정할 필요는 전혀 없다. 2장 '리눅스 사용하
기'를 읽으면 이 책을 보는 데 충분한 리눅스 지식을 얻을 수 있다.

주목할 만한 사례들

막상 호기심을 자극하는 새로운 기술을 접하게 되더라도 그 기술을 어
떻게 활용해야 할지 떠오르지 않아 막막해질 때가 있다. 만약 라즈베
리 파이에 대해서도 비슷한 막막함을 느낀다면 잠깐 눈을 돌려 다른
사람들이 일구어 낸 흥미롭고 창의적인 라즈베리 파이 프로젝트를 살
펴보는 것도 좋은 방법이다. 필자는 Make의 편집자로 일한 덕분에 라
즈베리 파이를 환상적으로 사용한 수많은 사례를 목격할 수 있었다.
그중 일부를 소개하고자 한다.

커피 테이블 파이

인스트럭터블스(Instructables) 커뮤니티의 멤버인 grahamgelding
은 커피 테이블과 고전 아케이드 게임 에뮬레이터를 결합하는 흥미로
운 프로젝트를 진행했다. MAME(Multiple Arcade Machine Emulator)
을 라즈베리 파이에 설치해서 사용한 것이다. 무료이며 오픈 소스인
MAME은 최신 컴퓨터에서 추억의 고전 아케이드 게임이 실행되도
록 하는 소프트웨어 프로젝트다. 커피 테이블 안에는 라즈베리 파이
와 24인치 LCD 스크린이 내장되어 있으며 테이블 위에는 고전적인 아

케이드 게임기에서 볼 수 있었던 큼직한 버튼과 조이스틱도 장착되어 있다. 이 장치들은 파이의 GPIO 핀에 연결되어 있다. (http://www.instructables.com/id/Coffee-Table-Pi/)

라즈팟

아니시 도그라(Aneesh Dogra)는 2012년 라즈베리 파이 재단이 여름에 개최한 코딩 대회에서 입상한 인도의 십대 소년이다. 이 소년은 라즈팟이라는 장치를 만들었다. 이 장치는 웹에서 제어할 수 있는 라즈베리 파이 기반의 MP3 재생기다. 라즈팟은 파이썬과 토네이도라는 웹 프레임워크로 만들었으며, 사용자가 라즈베리 파이에 원격 접속해서 음악 재생을 시작하거나 멈추고, 음량을 조절하고, 노래를 선택해서 재생 목록을 만드는 기능도 갖추고 있다. 음악은 라즈베리 파이의 오디오 잭을 통해 출력되기 때문에 컴퓨터 스피커나 오디오에 연결해서 감상할 수 있다. (https://github.com/lionaneesh/RasPod)

라즈베리 파이 슈퍼컴퓨터

대부분의 슈퍼컴퓨터는 일반적인 표준 컴퓨터를 클러스터로 연결하여 만들어지고, 연결되어 있는 모든 프로세서들에게 계산 작업을 분산 배분한다. 영국 사우샘프턴 대학교의 컴퓨터 공학자들은 라즈베리 파이 64개를 연결하여 저렴한 슈퍼컴퓨터를 만드는 데 성공했다. 라즈베리 파이 슈퍼컴퓨터의 계산 능력은 최고의 성능을 자랑하는 진짜 슈퍼컴퓨터에 비하면 근처에도 미치지 못하지만, 적어도 슈퍼컴퓨터의 원리 자체를 공학적으로 구현한 데 의미가 있다. 그리고 팀 리더의 여섯 살 밖에 안 된 아들이 레고 블록으로 라즈베리 파이 64개를 수납하는 시스템을 만들어서 눈길을 끌기도 했다. (http://www.southampton.ac.uk/mediacentre/features/raspberry_pi_supercomputer.shtml)

이 책을 읽는 독자들도 라즈베리 파이로 무엇인가 흥미로운 것을 만들게 되면 꼭 알려주기 바란다. Makezine.com의 양식(http://makezine.com/contribute)을 이용하면 Make의 편집자들에게 프로젝트를 제출할 수 있다.

일러두기

🖉 이 아이콘은 팁, 제안 또는 일반적인 정보를 나타낸다.

💣 이 아이콘은 경고나 주의사항을 나타낸다.

예제 코드의 사용에 대하여

이 책은 독자의 실질적인 편의를 위해 쓰였다. 일반적인 상황이라면 독자가 이 책의 코드로 자신의 프로그램이나 문서를 작성해도 문제되지 않는다. 즉, 코드의 상당 부분을 재생산하는 경우가 아니라면 코드를 사용할 때 저자에게 연락하여 허락을 구할 필요가 없다. 가령, 이 책의 여기저기에 있는 코드를 사용해서 자신의 프로그램을 작성할 때는 허락을 구할 필요가 없다. 하지만 Make의 책에 수록된 예제를 CD-ROM으로 판매하거나 배포할 때는 허락을 구해야 한다. 누군가의 질문에 답하기 위해 이 책을 인용하며 답변에 사용할 경우에는 허락을 구하지 않아도 된다. 하지만 이 책에 수록된 예제의 상당 부분을 제품의 문서에 포함시킬 때는 허락을 구해야 한다.

저작권을 표시해 준다면 감사한 일이지만 반드시 표시할 필요는 없다. 저작권 표시는 통상 제목, 저자, 출판사 그리고 ISBN을 포함한다. 가령, 다음과 같다. "Getting Started With Raspberry Pi by Matt Richardson and Shawn Wallace (Maker Media). Copyright 2015 Matt Richardson and Shawn Wallace, 978-1-4493-4421-4."[3]

예제 코드를 정당한 사용 범위나 허용 범위를 넘어서 사용하고 있는 것은 아닌지 판단하기 어렵다면 편한 마음으로 bookpermissions@makermedia.com에 문의하기 바란다.[4]

연락하는 방법

이 책에 대한 의견과 질문은 출판사로 해주기 바란다.

Make:

1005 Gravenstein Highway North

Sebastopol, CA 95472

800-998-9938 (미국과 캐나다)

707-829-0515 (해외 또는 국내)

707-829-0104 (팩스)

Make는 뒷마당이나 지하실 또는 차고에서 매력적인 프로젝트에 몰두하고 있는 재주 있는 사람들을 서로 이어주고, 영감을 불어넣으며, 다양한 정보를 제공하는 등 다양한 지원 활동을 하고 있다. Make는 기술을 임의로 수정하고, 해킹하고 또한 변용하려는 독자의 권리를 옹호한다. Make의 독자들은 우리들 자신, 우리의 환경, 우리의 교육 체계, 나아가 우리의 세계를 보다 낫게 만들 수 있다는 신념을 가지는 문화적

---

3 (옮긴이) 번역서 저작권 표시는 다음과 같다. 『손에 잡히는 라즈베리 파이』 황주선 옮김, 인사이트, 2015'
4 (옮긴이) 번역서에 대한 문의는 www.insightbook.co.kr/44484에서 할 수 있다.

움직임과 커뮤니티로 자라나고 있다. 이는 수동적인 독자의 역할을 넘어서는 실천적인 활동 행위이자 전세계적으로 일어나는 움직임이기도 하다. 우리는 이러한 움직임을 메이커 운동(Maker Movement)이라고 부르며 이 움직임의 선봉에 서있음을 자랑스럽게 생각하고 있다.

다음 주소를 방문하면 Make:에 대해 더 많은 정보를 얻을 수 있다.

Make: http://makezine.com/magazine/

메이커 페어: http://makerfaire.com

메이크진닷컴: http://makezine.com

메이커 셰드: http://makershed.com/

한국 Make: :http://www.make.co.kr

이 책의 정오표, 예제 그리고 추가적인 정보를 제공하는 페이지의 주소는 http://bit.ly/gs_with_raspberry_pi다.

> **옮긴이** 2014년 10월 원서가 출간된 이후, 많은 메이커들의 기대를 업고 라즈베리 파이 2가 2015년 2월에 소개되었다. 그에 따라 번역서 『손에 잡히는 라즈베리 파이』는 라즈베리 파이 2에 맞게 내용을 업데이트했다. 책에서 말하는 '라즈베리 파이', '파이'는 모두 '라즈베리 파이 2'를 가리킨다. 그렇다고 이 책의 설명이나 예제 코드가 라즈베리 파이 2에만 국한되어 적용되는 것은 아니며, 필요한 경우 보드 버전별로 설명을 추가하였다. 따라서 모든 라즈베리 파이 보드 사용자들이 이 책을 보는 데 문제가 없을 것이다.
>
> · 번역서의 정오표는 http://www.insightbook.co.kr/44484에서 확인할 수 있다.
> · 본문에 등장하는 컬러 도판은 http://www.insightbook.co.kr/66842에서 볼 수 있다.

- 본문에 등장하는 링크는 바로 접속할 수 있도록 http://www.insightbook. co.kr/29971에 정리했다.

감사의 말

이 책을 집필하는 동안 많은 분들이 의견과 지원, 충고와 피드백을 아끼지 않았다. 그 분들에게 감사의 말씀을 전한다.

브라이언 젭슨(Brian Jepson)

프랭크 텡(Frank Teng)

안나 프랑스(Anna France)

마크 드 빈크(Marc de Vinck)

에벤 업튼(Eben Upton)

톰 아이고(Tom Igoe)

클레이 셔키(Clay Shirky)

존 쉬멜(John Schimmel)

필립 토로네(Phillip Torrone)

리모 프리드(Limor Fried)

케빈 타운센드(Kevin Townsend)

알리 사쟈디(Ali Sajjadi)

앤드류 로시(Andrew Rossi)

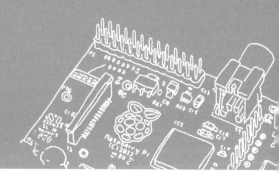

1

시작하기

사람들은 라즈베리 파이가 작고, 저렴하며, 해킹이 가능하고 또한 교육 지향적이라고 입을 모아 말하곤 한다. 맞는 말이다. 하지만 라즈베리 파이는 연결만 하면 바로 사용할 수 있는 플러그 앤드 플레이(Plug and play) 기기가 아니다. 물론 TV에 연결하기만 해도 간단하게 라즈베리 파이의 화면을 띄울 수는 있지만, 일반적으로 생각하는 전자기기와는 다르다. 사용자는 라즈베리 파이를 사용하기 전에 먼저 이 장치로 무엇을 만들고 싶은지 스스로 정해야 한다. 그 다음 자신의 의도와 용도에 걸맞은 라즈베리 파이용 주변장치와 소프트웨어를 선택해야 한다.

물론, 가장 먼저 해야 할 일은 라즈베리 파이를 구입하는 것이다. 이미 라즈베리 파이를 갖고 있을 수도 있지만 만약 그렇지 않다면 라즈베리 파이 재단과 협약을 맺은 제조업체에서 25~35달러 정도의 가격에 제품을 구입할 수 있다. 협약을 맺은 제조업체들은 다음과 같다.

파이 스웨그(Pi Swag)

라즈베리 파이 재단의 온라인 매장이다. (http://swag.raspberrypi.org)

프리미어 파넬/엘리먼트 14(Premier Farnell/Element 14)

영국의 전자부품 판매업체이며 전세계적으로 다수의 자회사들을 거느리고 있다. 미국에 있는 자회사로는 뉴아크(Newark)와 MCM이 있다. (http://www.element14.com/community/community/raspberry-pi)

RS 컴포넌트(RS Components)

또 다른 영국계 글로벌 전자부품 판매업체이며 미국 얼라이드 일렉트로닉스(Allied Electronics)의 모회사이기도 하다. (http://www.rs-components.com/raspberrypi)

✎ 옮긴이 우리나라의 다양한 소매업체나 전매업체를 통해서도 라즈베리 파이를 구입할 수 있다. 라즈베리 파이 2 모델 B의 가격은 약 44,000원 내외이며, 매장마다 라즈베리 파이와 주변기기 가격이 다를 수 있으니 신중하게 비교하여 결정하기 바란다.

- 한국 엘리먼트 14: http://goo.gl/PhHvS6
- IC114: http://goo.gl/gr32Eg
- IC뱅크: http://goo.gl/e4gSsX
- 디바이스마트: http://goo.gl/RDGSyP
- 엘레파츠: http://goo.gl/2zuC67

라즈베리 파이는 여러 가지 우여곡절을 겪은 후에 낮은 가격으로 책정될 수 있었다. 라즈베리 파이 재단과 제조업체들은 일반 소비자가 어

떤 제조업체의 매장을 가더라도 재단이 권장하는 가격으로 소량의 제품을 구입할 수 있도록 합의했다. 하지만 제품을 재판매해야 하는 전매업체도 이러한 가격 정책에 동의할 수 있었던 것은 아니다. 이윤을 남길 수 있는 여지가 거의 없었기 때문이다. 그래서 일부 전매업체들은 35달러의 권장 가격에 약간의 이윤을 더한 가격(40달러)에 판매를 하기도 한다. 현재 사용자는 재단과 협약을 맺은 제조업체에서 재단이 권장하는 가격에 구입할 수도 있고, 소매업체나 전매업체에서 약간 높은 가격에 구입할 수도 있다. 통상 소매업체나 전매업체들은 가격을 살짝 높이는 대신 주문을 보다 빨리 처리하는 경향이 있다. 메이크 (Make)의 공식 스토어인 메이커 셰드나 에이다프루트는 라즈베리 파이와 주변기기를 재판매하는 대표적인 업체들 중 하나이며[1], 재단이 권장하는 가격에 약간의 이윤을 더하여 라즈베리 파이를 판매한다.

미시경제학적인 잡설은 여기에서 마치기로 하고, 이제 본격적으로 라즈베리 파이 보드를 살펴보자.

1.1 보드의 종류

라즈베리 파이 보드는 현재까지 모두 여섯 가지 버전이 출시되었다. 가장 먼저 출시된 버전은 2012년에 출시된 모델 B다. 이어서 2013년에는 모델 B보다 단순하고 저렴한 모델 A가 출시되었다. 그리고 2014년, 라즈베리 파이 재단은 이전 모델들에 비해 보드 디자인을 많이 변경하고 기능을 개선한 모델 B+와 A+를 출시했고, 제품에 내장할 수 있는 버전인 컴퓨트 모듈(Compute Module)도 내놓았다. 2015년에는 프

---

1 메이커 셰드 : http://www.makershed.com/collections/raspberry-pi
에이다프루트 : http://www.adafruit.com/category/105

로세서와 메모리가 훨씬 향상된 라즈베리 파이 2 모델 B를 출시했다.[2]
그러나 라즈베리 파이 신형이 출시되었다고 이전의 구형 모델들이 바로 단종되는 것은 아니다. 재단은 수요가 있는 한 라즈베리 파이 1 모델 B, A+ 그리고 B+도 당분간 계속 생산한다고 밝혔다. 단, 현재로서는 당분간 모델 A+를 출시할 계획이 없다. 그림 1-1은 지금까지 출시된 대표적인 모델들의 사진이다.

라즈베리 파이 2 모델 B   라즈베리 파이 1 모델 B

컴퓨트 모듈   라즈베리 파이 1 모델 A

그림 1-1. 라즈베리 파이는 모두 여섯 가지 버전이 있다. 라즈베리 파이 2 모델 B의 외관과 인터페이스는 라즈베리 파이 1 모델 B+와 거의 동일하며 서로 호환된다. 파이 1 모델 A+와 B+는 이전의 모델에 비해 USB 포트, 범용 입출력 핀, 오디오 출력 단자 그리고 마이크로 SD 소켓에 변화가 있었다. 파이 1 모델 A의 사진은 스파크펀(Sparkfun)의 허락하에 게재되었다(CC BY 2.0).

2   (옮긴이) 원서 출간 이후 라즈베리 파이 2가 출시됨에 따라 한국어판 번역서에는 라즈베리 파이 2를 표준 모델로 삼고 있다. 이 책에 나오는 '파이', '라즈베리 파이'는 모두 라즈베리 파이 2 모델 B를 가리킨다. 사용된 예제는 라즈베리 파이 2 모델 B 이전 보드에서도 잘 작동한다.

라즈베리 파이 상자를 개봉하면 그림 1-2와 같은 모습을 볼 수 있다. 일반적으로 라즈베리 파이가 아두이노 같은 마이크로컨트롤러 개발 보드이거나 노트북의 대용품이라고 생각하는 경향이 있지만, 사실 라즈베리 파이는 모바일 장치에 조금 더 가깝다. 즉, 라즈베리 파이는 휴대하고 사용하기 쉬운 소형 컴퓨터로, 온갖 헤더와 포트들이 개발자가 사용하기 편하도록 고스란히 노출되어 있는 형태를 갖추고 있다. 그림 1-2는 보드의 주요 부분들을 보여 준다.

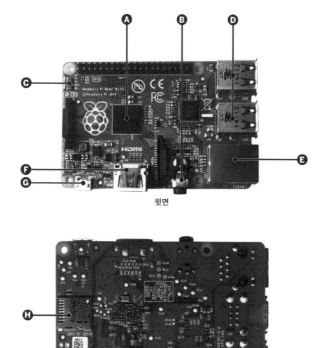

윗면

아랫면

그림 1-2. 라즈베리 파이의 하드웨어 인터페이스

A: 프로세서

신형인 라즈베리 파이 2 모델 B에 내장된 프로세서는 아이폰 4나 킨들 4에 사용된 프로세서와 종류가 동일하다. 따라서 아이폰 4나 킨들 4에 거의 근접하는 성능을 낸다고 보아도 무방하다. 라즈베리 파이 2는 ARM Cortex-A7 아키텍처에 기반을 둔 32비트 쿼드 코어 900MHz 단일 칩 시스템을 채용하고 있다. ARM 칩은 아키텍처에 따라 다양한 제품군을 형성하며, 제품마다 성능과 가격대에 차이가 있다. 또한 라즈베리 파이 2 모델 B에는 1GB 램(RAM)이 장착되어 있고, 파이 1 모델 B와 B+에는 512MB 램이, 모델 A에는 256MB의 램이 장착되어 있다. (라즈베리 파이 1 모델 B가 처음 출시되었을 때는 256MB의 램이 장착되어 있었지만 이내 업그레이드되었다.)

B: 콤퍼짓 비디오와 아날로그 오디오 출력

라즈베리 파이 2 모델 B에는 아날로그 오디오와 비디오 출력이 가능한 표준 4극 3.5mm 플러그 커넥터가 장착되어 있다. 이 플러그에는 통합 AV 케이블을 연결한다. 통합 AV 케이블은 한쪽에는 구분 단자 네 개로 이루어진 3.5mm 미니 잭이 있고, 다른 쪽에는 스테레오 오디오(빨간색과 흰색)와 NTSC 또는 PAL 비디오(노란색)를 출력할 수 있는 RCA 플러그가 네 개 달려 있는 것(스테레오 RCA 3선 케이블)을 사용한다. 라즈베리 파이 1 모델 A와 B는 콤퍼짓 비디오 출력용 RCA 단자와 아날로그 오디오 출력용 3.5mm 미니 잭이 각각 분리되어 있다.

C: 상태표시 LED

라즈베리 파이 2 모델 B와 라즈베리 파이 1 모델 B+에는 전원과 작동 상태를 표시하는 LED 두 개가 보드에 장착되어 있고, 네트워크 상태를 표시하는 LED 두 개는 이더넷 잭에 장착되어 있다. 라즈베리 파이 1 모델 B에는 상태를 표시하는 LED 다섯 개가 보드에 장착되어 있어 시각적인 피드백을 제공한다(표 1-1).

표 1-1. 작동 상태를 표시하는 5개의 LED(LED 중 100은 파이 1 모델 B에 장착되어 있음)

ACT	초록	SD 카드에 접속되면 불이 켜짐(초기 보드에서는 OK로 표기되어 있음)
PWR	빨강	3.3V 전원에 연결되어 있으면 켜짐
FDX	초록	양방향 네트워크 어댑터에 연결되었을 경우 켜짐
LNK	초록	네트워크 상태를 표시함
100	노랑	100 Mbps 네트워크에 연결되면 켜짐(초기 보드 중 일부에는 10M로 잘못 인쇄되기도 했음)

D: 외부 USB 포트

라즈베리 파이 2 모델 B와 라즈베리 파이 1 모델 B+에는 네 개의 USB 2.0 포트가 장착되어 있다. 그리고 라즈베리 파이 1 모델 B에는 두 개가, 모델 A에는 단지 한 개만 장착되어 있다. 초기 라즈베리 파이 보드들은 USB 포트를 통해 충분한 양의 전류를 공급할 수 없었다. USB 주변 장치들 중 일부는 500mA 이상을 사용하기도 하는데 초기의 파이 보드는 100mA 정도만 지원할 수 있었다. 이후에는 USB 2.0 사양을 충족하도록 개선되었다. 또한 라즈베리 파이 1 모델 B 이전 보드에는 전류를 제한하는 폴리퓨즈(Polyfuse)가 두 개 장착되어 있었지만, 모델 B+ 이후부터는 보다 안정적인 핫플러그(Hotplug)[3] 지원과 과전류 방지 기능도 갖추게 되었다. 라즈베리 파이에 유전원 허브를 연결하면 전기를 많이 소비하는 장치들도 안정적으로 사용할 수 있다.

---

3 (옮긴이) 핫 플러그란 컴퓨터에 전원이 들어온 상태에서 주변 장치를 연결하거나 빼는 것을 말한다.

E: 이더넷 포트

라즈베리 파이 2 모델 B와 라즈베리 파이 1 모델 B+, B에는 표준 RJ45 이더넷 포트가 장착되어 있다. 파이 1 모델 A에는 이더넷 포트가 없지만 USB 이더넷 어댑터를 사용하면 유선 네트워크에 접속할 수 있다 (파이 1 모델 B의 이더넷 포트도 사실은 USB 신호를 이더넷 신호로 변환해 주는 보드 장착형 통신 어댑터다). 와이파이를 사용하고 싶다면 와이파이 USB 동글(Dongle)을 장착하면 된다.

F: HDMI 커넥터

HDMI 포트는 디지털 비디오와 오디오 출력 기능을 제공하며 14가지의 비디오 해상도를 지원한다. 한편, 별도의 외부 어댑터를 사용하면 HDMI 신호를 DVI(대부분의 모니터에서 지원하는 규격)나 콤퍼짓(아날로그 비디오 신호이며 보통 노란 RCA 커넥터를 사용함) 또는 SCART(시청각 장치를 연결하는 유럽식 표준) 방식으로 변환할 수 있다.

G: 전원 입력

라즈베리 파이에는 전원을 켜거나 끄는 별도의 스위치가 없다. 대신 파이에 장착된 마이크로 USB 커넥터를 통해 전원을 공급하거나 차단한다. 이 USB 포트는 파이에 전원을 공급하는 용도로만 사용될 뿐, 주변 장치를 연결하는 용도로는 사용되지 않는다. 전원 커넥터의 규격이 마이크로 USB로 채용된 것은 가격이 저렴하고, 주변에서 USB 전원장치를 쉽게 찾을 수 있다.

H: SD 카드 슬롯

라즈베리 파이에는 하드 드라이브가 없다. 대신 SD 카드에 모든 것을 저장한다. 라즈베리 파이 2 모델 B와 라즈베리 파이 1 모델 B+에는 눌러서 끼우고 뺄 수 있는 자그마한 마이크로 SD 슬롯이 장착되어 있다. 더 이전 모델들에는 일반 규격의 SD 소켓이 장착되어 있다. 이 소켓의 납땜 부분은 충격을 받거나 휘어지면 파손될 위험이 있다. 따라서 파이를 안전하게 보호하려면 케이스를 마련하는 것이 좋다.

그림 1-3은 라즈베리 파이의 전원 핀을 포함한 모든 입출력(I/O) 핀들을 보여 준다.

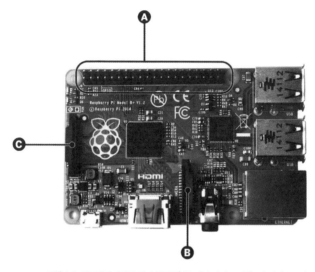

그림 1-3. 라즈베리 파이의 핀과 헤더들(라즈베리 파이 2 모델 B와 파이 1 모델 B+)

그림에 보이는 핀과 헤더에 대한 설명은 아래와 같다.

A: 범용 입출력(General-Purpose Input/Output, GPIO) 및 기타 핀들

라즈베리 파이 2 모델 B와 파이 1 모델 B+에는 2×20 핀 헤더가 장착되어 있으며, 이는 파이의 표준 GPIO 헤더 배치 방식이다. 8장과 9장에서는 이 핀들을 사용하여 버튼과 스위치 같은 입력장치들의 값을 읽거나 또는 LED, 릴레이 그리고 모터와 같은 출력장치들을 작동시키는 방법을 알아볼 것이다. 라즈베리 파이 1 모델 B와 A에는 2×13 핀 헤더, 2×4 핀 헤더 그리고 1×8 핀 헤더로 분리 배치되어 있다.

B: 카메라 직렬 인터페이스(CSI) 커넥터

라즈베리 파이의 카메라 모듈을 연결하는 포트다(그림 1-4 참고).

C: 디스플레이 직렬 인터페이스(DSI) 커넥터

이 포트에는 LCD나 OLED 디스플레이 장치와 통신할 수 있는 15 핀 규격의 리본 케이블을 연결할 수 있다.

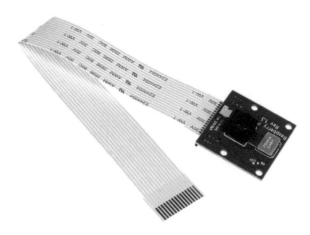

그림 1-4. 카메라 직렬 인터페이스 커넥터에는 라즈베리 파이 카메라 모듈을 직접 연결할 수 있다. 25달러(한화로 약 28,000원) 정도의 가격에 구입할 수 있는 카메라 모듈은 해상도가 5메가픽셀에 달하지만 초점을 조절하는 별도의 기능은 없다(또한 정전기에 민감하다). 이러한 특징은 프로젝트에 따라 유용할 수도 있지만 그렇지 않을 수도 있다. 카메라와 라즈베리 파이에 대해서는 11장에서 보다 자세하게 다룬다.

1.2 적절한 주변 장치들

지금까지 라즈베리 파이 보드에 무엇이 장착되어 있는지 살펴보았다. 이제 파이 주변에서 사용할 만한 적절한 장치들은 무엇이 있는지 알아볼 차례다. 시중에는 다양한 장치들을 잘 선정해서 구성한 초보자용 학습 키트들이 많다. 하지만 주변 장치들을 선택하기 전에 자신이 사용하고 있는 파이와 잘 맞는지 꼼꼼하게 살펴볼 필요가 있다. 위키[4]에는 라즈베리 파이를 지원하는 주변 장치들의 목록이 잘 정리되어 있으며 그중 가장 기본적인 장치들은 다음과 같다.

전원장치

전원장치는 가장 중요한 주변 기기 중 하나이므로 반드시 적절한 제품을 선택해야 한다. 전원장치로는 안정적인 5V 전압과 최소 900mA의 전류를 공급할 수 있는 마이크로 USB 어댑터를 사용하도록 한다(라즈베리 파이 1 모델 B에는 700mA, B+에는 600mA 이상이 공급되어야 한다). 휴대전화 충전기 중에는 커넥터가 맞더라도 종종 400mA 이하의 전류만 공급하는 제품들도 있으므로 충전기의 뒷면에 표기된 사양을 반드시 확인한다. 라즈베리 파이는 전력이 부족한 상황에서도 작동하는 것처럼 보일 수 있다. 하지만 전력이 부족하면 안정성이 떨어질 수 있으며 예기치 못한 문제가 발생할 수도 있다. 다만, 키보드와 마우스 그리고 모니터를 파이에 연결하지 않은 상태로 운용하는 헤드리스(Headless) 상황은 예외다. 이 경우에는 라즈베리 파이를 노트북의 500mA USB 전원에 연결해도 정상적으로 사용할 수 있다. 한편, 라즈베리 파이용 전지 팩도 여러 종류의 제품이 출시되어 있다. 마찬가지로 전압과 전류에 주의해서 사용한다.

---

4 http://elinux.org/RPi_VerifiedPeripherals

일부 라즈베리 파이 보드의 경우, 파이의 외부 USB 포트에 유전원 USB 허브를 연결하면 이 USB 포트를 통해 거꾸로 흘러 들어오는 전기로 작동을 하기도 한다. 하지만 파이 보드의 USB 포트는 거꾸로 유입되는 전기에 대한 충분한 보호 회로를 갖추고 있지 않기 때문에 이러한 방식으로 전원을 공급하는 것은 그다지 좋은 방법이 아니다. 특히 전자 부품들을 수시로 조립하거나 분해하며 모형을 만드는 프로토타이핑 작업 중에는 이 방식을 피하는 것이 좋다. 작업을 하다가 예기치 않게 합선이 발생하는 경우에는 대량의 전기가 포트로 유입되어 문제가 발생할 수 있기 때문이다.

마이크로 SD 카드

최소한 4GB 용량과 클래스 4 규격 이상의 카드를 사용하는 게 좋다. 클래스 4 규격의 카드는 초당 4MB를 전송할 수 있다. 클래스 6 또는 그 이상의 카드를 사용하면 전송 속도를 보다 빠르게 향상시킬 수 있다. 초반에 라즈베리 파이 보드 중 일부는 상위 클래스의 카드를 사용했을 때 안정성이 다소 떨어지는 문제가 발생하곤 했지만 최근의 모델들은 대용량의 SDHC 카드를 사용해도 별다른 문제가 생기지 않는다. 한편, 라즈베리 파이 1 모델 B 보드는 마이크로 SD 카드보다 크기가 큰 일반 SD 카드를 슬롯에 장착해야 한다. 마이크로 SD 카드를 갖고 있다면 SD 카드 어댑터를 구입해서 마이크로 SD 카드를 SD 슬롯에 꽂을 수 있게 변환하면 된다.

HDMI 케이블

파이와 모니터를 연결하려면 HDMI 케이블이 필요하다. DVI 단자가 달린 모니터에 연결하려면 적절한 DVI 어댑터도 필요하다. 물론, 앞에서 설명한 바와 같이 파이를 헤드리스 상태로 운용할 수도 있다.

HDMI 케이블의 가격은 다양하게 형성되어 있다. 모니터가 단지 1~2 미터만 떨어져 있다면 3달러(약 3,400원) 이상의 HDMI 케이블을 구입할 필요가 없다. 하지만 그보다 더 멀리 떨어진 모니터에 연결할 때는 저가의 제품 보다는 품질이 보장되는 케이블을 선택하는 게 좋다.

이더넷 케이블

요즘은 모든 장치들이 무선화되고 있는 추세라서 수 년 전에 비하면 여분의 이더넷 케이블을 찾기 어려울 수도 있다. 또한 유선 환경에서 라즈베리 파이를 사용하면 다소 불편할 수도 있을 것이다. 이더넷 선을 벽이나 허브에 직접 꽂아서 사용하는 것이 싫다면, 30쪽의 '헤드리스' 절을 참고하도록 한다.

더 많은 주변 장치들이나 추가적인 장치들을 갖춘다면 라즈베리 파이를 더 다양하게 활용할 수 있다. 이에 대해서는 7장에서 자세하게 소개할 예정이다. 한편, 이제부터 소개하는 추가 장치들은 매우 유용하므로 구입을 고려해 볼만 하다. 특정한 제품의 호환성 여부는 eLinux 웹 사이트(http://elinux.org/RPi_VerifiedPeripherals)에서 확인한다.

유전원 USB 허브

USB 2.0 규격 허브를 권장한다.

방열판

방열판은 열을 효과적으로 없애기 위해 표면적을 극대화한 금속 장치로, 보통 얇은 평판이 촘촘히 늘어선 구조로 되어 있다. 방열판은 뜨거워지는 칩 위에 부착해서 사용한다. 파이의 칩셋은 모바일 환경에 적합하게 설계되어 있다. 따라서 방열판이 늘 필요한 것은 아니다. 하지만 파이를 더 빠른 속도로 실행시켜야 하거나 장시간 동안 방대한 데이터를 처리해야 하는 경우도 있는데, 이때는 칩의 온도가 올라갈 수 있다. 일부 사용자들에 의하면 네트워크 칩도 따뜻한 느낌이 드는 정도로 온도가 상승하는 경우가 있다고 한다.

RTC(Real-time Clock)

파이가 네트워크에 연결되지 않은 상황에서도 실제 시간에 맞춰 데이터를 기록해야 하거나 또는 실시간을 유지하게 하려면 DS1307과 같은 RTC(실시간 시계) 칩이 필요하다.

카메라 모듈

라즈베리 파이 카메라 모듈은 공식 주변 장치로서 가격은 25달러(약 28,000원)며 해상도는 5메가픽셀이다. 카메라 모듈 대신 USB 웹캠을 사용해도 된다(카메라에 대해서는 11장에서 자세하게 다룬다).

LCD 디스플레이

대부분의 LCD들은 파이의 GPIO 헤더에 선 몇 개만 연결해도 사용할 수 있다. 직렬 주변 장치 인터페이스(Serial Peripheral Interface, SPI) 방식으로 라즈베리 파이의 헤더에 있는 인터페이스와 통신할 수 있는 박막 트랜지스터(Thin Film Transistor, TFT) 디스플레이를 시중에서 찾아보자. 또한, 아직은 DSI 인터페이스를 사용하는 LCD를 사용할 수 없지만 곧 사용할 수 있게 될 것이다.

와이파이 USB 동글

802.11 규격을 지원하는 와이파이 USB 동글 대부분을 파이에서 사용할 수 있다. 와이파이는 전기를 많이 소비하기 때문에 충분한 전력을 공급해야 한다. 2A 전원 공급 장치나 유전원 USB 허브를 준비하면 된

다. 와이파이 USB 동글에서 발생하는 문제들은 대부분 부족한 전력 탓인 경우가 많다.

사운드 카드

파이에 내장된 아날로그 오디오는 프로젝트를 진행하기에는 다소 미흡한 면이 있다. 좀더 고품질의 소리를 출력(또는 입력)하려면 사운드 카드가 필요하다. USB 사운드 카드들은 대체로 파이에서 잘 작동한다. 가령, 베링거(Behringer)의 U-Control 장치가 대중적이며 값도 비싸지 않아 좋은 선택이 될 수 있다.

랩톱 독

몇몇 사람들은 모토로라(Motorola)의 아트릭스(Atrix) 랩독 같은 휴대전화용 랩톱 독(laptop dock)을 라즈베리 파이용 디스플레이와 베이스로 개조해서 사용하기도 한다.

컴퓨트 모듈

컴퓨트 모듈(The compute module)(그림 1-5)은 엄밀히 말하면 추가로 장착하는 보드가 아니라 재설계된 라즈베리 파이라고 하는 것이 옳다. 라즈베리 파이의 두뇌, 심장 그리고 소화기관 등 모든 부분이 DIMM 유형의 커넥터에 꽂을 수 있도록 재구성됐다. DIMM 커넥터는 일반 컴퓨터에서 메모리 모듈을 꽂는 커넥터와 규격이 같다. 컴퓨트 모듈은 파이를 보다 마감 완성도가 높은 프로젝트 또는 제품에 사용하고자 하는 제작자들을 위해 디자인되었다. 이 모듈을 사용하려면 사용자 PCB와 주변 장치를 디자인하거나 컴퓨트 모듈용 공식 입출력 보드를 사용해야 한다.

그림 1-5. 컴퓨트 모듈을 사용하면 라즈베리 파이가 내장되는 제품을 수월하게 디자인할 수 있다.

HAT와 실드

몇몇 업체와 오픈 하드웨어 개발자들이 라즈베리 파이 위에 꽂아서 쓸
수 있는 다양한 도터보드(Daughterboard)들을 내놓았다. 이 보드들은
GPIO 헤더를 통해 파이와 연결되며 LCD나 모터를 구동하거나 아날로
그 센서의 값을 입력 받을 수 있는 기능을 제공한다. 일각에서는 아두
이노 용어를 차용하여 이러한 도터보드를 '실드'라고 부르기도 하지만,
라즈베리 파이 재단은 이를 상단 부착형 하드웨어, 즉 HAT(Hardware
Attached on Top)라고 부르며 표준 디자인 안을 제시하고 있다. HAT
의 형태 규격은 그림 1-6과 같으며 라즈베리 파이 2 모델 B 및 라즈베
리 파이 1 모델 B+와 호환된다.

케이스

라즈베리 파이를 사용하다 보면 곧 케이스의 필요성을 느끼게 된다.
사방으로 연결된 여러 줄기의 뻣뻣한 케이블 덕분에 파이는 좀처럼 안
정적으로 고정되지 않고, SD 카드 슬롯과 같은 일부 부품들은 약한 충
격에도 쉽게 파손될 수 있기 때문이다.

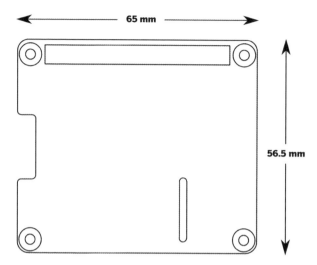

65 mm

56.5 mm

그림 1-6. 라즈베리 파이용 추가 보드인 HAT는 여러 가지 요건을 충족해야 한다. 요건 중에는 크기(65 x 56 mm)에 대한 사항은 물론 파이가 보드의 기능을 자동 인식할 수 있도록 EEPROM을 내장해야 하는 사항도 있다. 충족 요건은 라즈베리 파이 재단의 깃허브 페이지(https://github.com/raspberrypi/hats)에서 확인할 수 있다.

한편, 다수의 단순한 마이크로컨트롤러들이 단지 두 겹, 즉 윗면과 아랫면으로 이루어진 PCB 보드로 부품들을 연결하고 있는 것과는 달리 파이 보드는 여섯 겹이나 되는 회로층으로 다양한 부품들을 연결하고 있다. 마치 샌드위치처럼 윗면과 아랫면 사이에 네 겹이나 되는 회로층이 들어가 있기 때문에 보드에 너무 많은 충격을 가해서 내부 회로층이 파손되기라도 하면 디버깅이 불가능하다. 파이의 케이스는 이러한 사고를 예방하기 위해서도 필요하다.

케이스는 시중에 출시된 다양한 제품 중 마음에 드는 것을 구입해도 되고, 인터넷을 조금만 검색하면 레이저 절단기 또는 3D 프린터용 케이스 디자인도 많이 공유되고 있으니 직접 다운로드 하여 만들어도 된다. 다만 시중에서 판매하는 제품 중 아크릴 판이 직각으로 맞물리도록 조립해 사용하는 케이스 종류는 부서지기 쉬울 수 있으므로 피하는 것이 좋다. 다채로운 색을 선호한다면 아크릴을 겹겹이 쌓아 만든 파이보우(Pibow)를 선택해도 좋을 것이다(그림 1-7).

익히 알고 있는 일인데도 흔히 범하는 실수가 있다. 바로 라즈베리 파이를 전기가 통하는 금속판 위에 올려놓거나 파이 아래 깔려 있는 전선이나 철사 조각 등을 치우지 않는 일이다. 파이의 밑면에는 매우 많은 부품들과 납땜 이음새들이 노출되어 있어서 합선을 일으키기 쉽다. 이런 위험을 피하기 위해서라도 파이를 케이스에 보관하는 것이 좋다.

그림 1-7. 파이모로니(Pimoroni)에서 나온 화려한 파이보우(Pibow) 케이스

1.3 운영체제 선택하기

라즈베리 파이의 운영체제는 리눅스다. 사실 엄밀히 말하면 리눅스는 단지 운영체제의 일면인 커널 이름일 뿐이다. 운영체제란 온갖 드라이버, 서비스 그리고 응용프로그램을 포괄하는 총체적인 개념이다. 리눅스 운영체제는 여러 해에 걸쳐 사람들의 다양한 취향을 반영하면서 여러 배포판들로 진화해 왔다. 가장 대중적인 데스크톱용 리눅스는 우분

투(Ubuntu), 데비안(Devian), 페도라(Fedora) 그리고 아치(Arch)다. 이들 운영체제는 각각 특정한 취향에 맞게 특화되어 있으며 수많은 사용자들이 커뮤니티를 통해 관련 정보를 공유하고 있다.

그런데 라즈베리 파이는 모바일 기기용 칩셋에 기반을 두고 있기 때문에 소프트웨어의 요구사항이 데스크톱 컴퓨터와는 사뭇 다르다. 가령, 파이의 브로드컴 프로세서는 여타의 표준 리눅스 배포판에는 포함되지 않는 특수한 '바이너리 블롭' 장치 드라이버[5]와 코드를 필요로 한다. 또한 데스크톱 컴퓨터는 대부분 램(RAM)이 수 기가바이트에 이르고 저장 공간은 수백 기가바이트에 달하지만 파이의 메모리와 저장 공간은 매우 제한적이다. 따라서 파이만의 전용 리눅스 배포판은 이러한 특수성을 충족하기 위해 개발되었다.

이 책은 공식 라즈비안(Rasbian, 재단에서 관리하고 배포하는 데비안 기반의 리눅스 운영체제) 배포판을 기준으로 썼다. 공식 라즈비안 배포판은 라즈베리 파이 재단의 다운로드 페이지(http://www.raspberrypi.org/downloads)에서 받을 수 있다. 다른 배포판들에 대해서는 3장에서 살펴본다. 참고로, raspbian.org는 커뮤니티 사이트이며 재단이 운영하는 공식 홈페이지는 아니다.

1.4 SD 플래시 카드

일부 업체들은 라즈베리 파이의 운영체제가 설치된 SD 카드를 별도로 판매한다. 사용자에 따라서는 이렇게 운영체제가 설치된 카드를 구입하는 편이 더 나을 수도 있다. 만약 카드에 설치된 운영체제가 최신 버

---

5 (옮긴이) '바이너리 블롭' 장치 드라이버란, 오픈 소스 소프트웨어 중 부분적으로 소스 코드를 공개하지 않은 폐쇄적인 바이너리 형식의 드라이버를 말한다.

전이 아니라 해도 파이를 부팅해서 인터넷에 연결하면 쉽게 업그레이드할 수 있다.

SD 카드에 운영체제를 설치하는 가장 쉬운 방법은 NOOBS 툴을 이용하는 것이다. NOOBS라는 단어 때문에 기분이 상할 필요는 없다.[6] 여기서 NOOBS는 New Out Of the Box Software(새로운 독창적인 소프트웨어)를 의미하며 운영체제 설치를 도와주는 일종의 환경 설정 툴이다. 먼저 최소한 4GB의 SD 카드와 리더기를 준비한다. 그 다음 컴퓨터로 https://www.raspberrypi.org/downloads에 접속하여 NOOBS를 다운로드 하여 압축을 푼다. 압축이 풀리면 SD 카드를 컴퓨터에 연결하고 NOOBS의 모든 파일과 폴더를 카드에 복사한다(끌어다 놓기 또는 복사해서 붙여넣기). 복사가 끝나면 카드를 파이에 꽂고 키보드와 마우스 그리고 모니터를 연결한 뒤 부팅한다. 그러면 운영체제를 선택하는 화면이 뜨고 설치 가능한 운영체제가 나열된다. 라즈비안을 선택하고 'Install' 버튼을 클릭한다. 그러면 알아서 라즈비안 운영체제가 설치된다.

고급자용: 디스크 이미지 만들기

우선 라즈베리 파이 재단 홈페이지(http://www.raspberrypi.org/downloads/)나 3장 '특화된 배포판들'에서 소개하는 사이트에서 설치하고자 하는 배포판의 디스크 이미지를 선택하여 다운로드한다. NOOBS와 달리 디스크 이미지는 SD 카드에 끌어다 놓는 방식으로는 설치할 수 없다. 이미지의 비트를 하나하나 카드에 복사해야 하기 때문이다. 이 작업을 하려면 카드 리더기와 디스크 이미지 유틸리티가 필요

---

6 (옮긴이) NOOBS는 '초보자'나 '신입'을 의미하는 noob과 어감이 비슷하다. NOOBS는 매우 유용한 툴이다. 라즈비안 뿐만 아니라 다른 배포판들도 손쉽게 설치할 수 있으며, 두 개 이상의 운영체제를 설치하거나 운영체제를 복구하는 기능도 지원한다(단, 라즈비안 외의 운영체제를 설치하려면 라즈베리 파이가 인터넷에 연결되어 있어야 한다).

하다. 구형 카드 리더기의 경우 지원하는 카드의 규격과 용량에 제한이 있을 수 있으므로 4GB 용량과 클래스 4 이상의 카드를 지원할 수 있는 리더기를 준비한다. 설치하려는 운영체제에 따라 세부적인 절차는 다소 달라질 수 있다. 일단 이미지 파일의 압출을 풀고(압축을 풀면 .img 로 끝나는 파일이 생성된다), 부록을 참고하며 설치를 진행하면 된다.

비트토렌트(BitTorrent)로 더 빠르게 다운 받기

다운로드 사이트에 가보면 토렌트 파일을 다운로드 하는 것이 라즈비안을 다운로 드 하는 가장 효율적인 방법이라는 안내문을 볼 수 있다. 토렌트 파일은 분산적으로 파일을 배포하는 방식을 취한다. 하나의 중앙 서버에서 파일을 다운로드 하는 것이 아니라 여러 토렌트 클라이언트로부터 파일을 조각으로 나누어 끌어오기 때문에 보다 빠르게 다운 받을 수 있다. 토렌트 방식으로 다운 받으려면 비트토렌드 클라이언트가 필요하다.

많이 사용하는 비트토렌트 클라이언트는 다음과 같다.

· 부제(Vuze): 토렌트 검색 및 다운로드 기능 통합(http://www.vuze.com/)

· 미로(Miro): 토렌트 기능 외에 오픈 소스의 음악 및 영상 재생기 기능 제공 (http://www.getmiro.com/)

· 엠엘동키(MLDonkey): 윈도우 및 리눅스용 파일 공유 툴(http://mldonkey. sourceforge.net/Main_Page)

· 트랜스미션(Transmission): 맥 및 리눅스용의 가벼운 클라이언트로 임베디드 시스템에서도 사용 가능(http://www.transmissionbt.com/)

1.5 부팅하기

다음 단계를 따라 라즈베리 파이의 첫 부팅을 시도해 보자.

1. SD 카드가 소켓에 꽂혀 있는지 확인한다.
2. USB 키보드와 마우스를 연결한다. 라즈베리 파이 1 모델 A를 사용하는 경우에는 먼저 유전원 허브에 키보드와 마우스를 연결한 다음에 허브를 파이에 꽂는다.
3. HDMI 출력 단자에 케이블을 꽂고 TV나 모니터에 연결한다. 모니터의 전원은 켜둔다.
4. 파이에 전원을 연결한다. 일반적으로 연결할 장치들을 모두 연결해 둔 뒤 전원을 연결하는 편이 안전하다.

별다른 문제가 없으면 모니터의 화면 한가득, 시작 로그 목록이 한동안 표시된다(만약 무엇인가 잘못된 것 같다면 이 장의 끝부분에 있는 '문제 해결하기'를 읽어 보자). 로그 메시지들은 파이가 부팅할 때 시작하는 모든 프로세스들을 보여 준다. 네트워크 인터페이스가 초기화되는 것도 볼 수 있고, 파이에 연결된 USB 주변 장치들이 모두 인식되어 기록되는 것도 볼 수 있다. 로그 메시지를 다시 보고 싶으면 파이에 로그인한 뒤 명령어 인터페이스에서 dmesg라는 명령을 입력한다.

운영체제를 설치한 다음 파이를 처음 부팅할 때는 raspi-config 툴이 자동으로 실행된다(그림 1-8). 이곳에서 파이의 몇 가지 중요한 설정을 수정할 필요가 있다. 라즈베리 파이의 초기 설정이 사용자의 환경이나 취향에 맞지 않을 수도 있기 때문이다. 나중이라도 언제든지 이 툴을 실행하면 설정을 바꿀 수 있다. 나중에 설정 툴을 실행할 때는 명령어 인터페이스에서 아래와 같이 입력한다.

```
sudo raspi-config
```

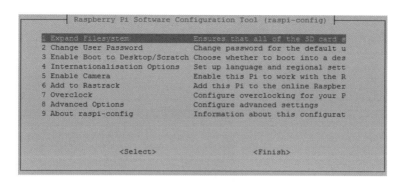

```
                ┤ Raspberry Pi Software Configuration Tool (raspi-config) ├
   ┌────────────────────────────────────────────────────────────────────────┐
   │  1 Expand Filesystem            Ensures that all of the SD card s        │
   │  2 Change User Password         Change password for the default u        │
   │  3 Enable Boot to Desktop/Scratch Choose whether to boot into a des      │
   │  4 Internationalisation Options Set up language and regional sett        │
   │  5 Enable Camera                Enable this Pi to work with the R        │
   │  6 Add to Rastrack              Add this Pi to the online Raspber        │
   │  7 Overclock                    Configure overclocking for your P        │
   │  8 Advanced Options             Configure advanced settings              │
   │  9 About raspi-config           Information about this configurat        │
   │                                                                          │
   │                                                                          │
   │              <Select>                         <Finish>                   │
   └────────────────────────────────────────────────────────────────────────┘
```

그림 1-8. raspi-config 툴의 메뉴

인터넷에 접속하기

라즈베리 파이에서 인터넷에 접속하는 방법을 몇 가지 소개한다. 라우터나 스위치 또는 라우터에 연결된 이더넷 잭이 있다면 파이에 이더넷 선을 연결하기만 하면 된다. 만약 와이파이 동글이 있다면 무선 인터넷에 연결할 수도 있다. 데스크톱 화면의 위쪽 오른편에 있는 패널의 네트워크 아이콘을 클릭하고 공유기를 선택한 뒤 필요한 정보를 입력하면 된다. 하지만 아무 동글이나 다 사용할수 있는 것은 아니다. 먼저 지원되는 주변 장치의 목록(http://elinux.org/RPi_VerifiedPeripherals)에 사용하려는 동글이 있는지 확인해 보자. 우리나라의 ipTIME에서 출시한 N100MIINI는 파이에서 잘 작동한다.

근처에 노트북이 있거나 파이를 헤드리스 방식으로 운용하고 있다면 노트북을 통해 와이파이를 공유해도 된다(그림 1-9). 맥에서는 아주 쉽게 와이파이를 공유할 수 있다. 맥의 시스템 환경 설정에 있는 공유 항목에서 인터넷 공유를 활성화한다음, 파이와 맥을 이더넷 케이블로 연결하기만 하면 된다. 윈도우에서는 '인터넷연결 공유 속성'에서 '다른 네트워크 사용자가 이 컴퓨터의 인터넷 연결을 통해 연결할 수 있도록 허용'을 활성화한 다음, 파이와 컴퓨터를 이더넷 케이블로 연결한다. 그러면 파이는 자동으로 IP 주소를 부여 받고 인터넷에 연결된다.

윈도우가 설치된 컴퓨터에서는 크로스 케이블을 사용해야 할 수도 있다. 하지만 애플 컴퓨터는 케이블의 유형을 자동으로 감지하기 때문에 아무 이더넷 케이블이나 사용해도 된다.

그림 1-9. 노트북으로 와이파이를 공유하면 파이를 인터넷에 쉽게 연결할 수 있다. 한편 헤드리스(30쪽의 '헤드리스' 참고) 방식으로 파이를 운용하면 장소에 구애 받지 않고 파이에 접속할 수 있기 때문에 편리하다.

1.6 환경 설정

이제 환경 설정 항목들을 하나씩 살펴보며 반드시 확인해야 할 항목과 나중에 다시 설정해도 되는 항목을 구분해 보자. 설정 툴에서 항목을 바꾸거나 선택을 할 때는 키보드를 이용한다. 만약 목록 형식이 나오면 위아래 화살표 키를 누르고 무엇인가를 선택할 때는 스페이스 키를 누른다. 필드를 바꾸거나 창 아래에 있는 버튼으로 옮겨가려면 탭 키를 사용한다.

1 Expand Filesystem

NOOBS 툴로 운영체제를 설치했다면 이 항목은 넘어가도 된다. 하지만 이미지로 운영체제를 설치했다면 이 항목을 OK로 선택해야 한다. 그래야 SD 카드의 용량을 모두 활용할 수 있도록 파일시스템이 확장된다.

2 Change User Password

초기 비밀번호는 'raspberry'다. 보다 안전하고 외우기 쉬운 비밀번호로 바꾸도록 한다. 참고로, 사용자가 새로 입력하는 비밀번호는 화면에 표시되지 않는다.

3 Enable Boot to Desktop/Scratch

부팅 옵션이다. Console(명령어 인터페이스 환경), Desktop(그래픽 데스크톱 환경) 또는 Scratch(스크래치 프로그래밍 환경)로 부팅되도록 설정할 수 있다. 기본적으로는 명령어 인터페이스 환경으로 부팅되도록 설정되어 있다. 명령어 인터페이스 환경으로 부팅하면 로그인을 해야 한다. 로그인한 뒤 그래픽 데스크톱 환경을 실행하려면 아래와 같이 명령어를 입력한다.

```
raspberrypi login: pi
Password: raspberry
pi@raspberrypi ~ $ startx
```

그래픽 데스크톱이 실행되면 명령 프롬프트는 사라진다. 그래픽 데스크톱 모드에서는 터미널 프로그램을 실행하여 명령 프롬프트를 띄울 수 있다. 데스크톱 화면 위쪽의 작업 표시줄(Task Bar) 패널에 있는 메뉴(Menu)를 클릭하고 'Accessories → Terminal'을 선택하면 된다.

4 Internationalisation Options → I1 Change Locale

사용자의 언어와 문자 인코딩에 맞게 시스템을 설정하는 옵션이다. 초기 값은 영국식 표준 UTF-8 문자 인코딩(en_GB.UTF-8)으로 설정되어 있다. 언어와 문자 인코딩을 수정하려면 키보드의 위아래 화살표로 해당 인코딩을 찾아 스페이스 키를 눌러 선택 또는 해제한다. 미국식으로 바꾸려면 en_US.UTF-8을 찾아 스페이스 키를 누른다. 그 다음 탭키를 눌러 OK나 Cancel을 선택하고 엔터 키를 누르면 시스템의 기본 언어 설정 화면이 뜬다. 시스템의 기본 언어를 en_US.UTF-8로 선택하고 다시 엔터 키를 누른다.

> ✎ [옮긴이] 우리나라의 경우 ko_KR.UTF-8 UTF-8 또는 ko_KR.EUC-KR EUC-KR 을 선택한다. 그러면 일부 데스크톱의 메뉴나 콘솔의 안내 문구들이 한글로 표시된다. 하지만 경우에 따라서는 한글이 깨지는 상황이 발생하기도 하므로 이 책에서는 미국식 표준을 기준으로 설명한다.

4 Internationalisation Options → I2 Change Timezone

사용자의 지역에 맞는 시간대를 설정한다. 이 옵션은 'Asia 〉 Seoul'을 선택하여 우리나라의 시간대에 맞추도록 한다.

4 Internationalisation Options → I3 Change Keyboard Layout

키보드는 영국식 레이아웃으로 설정되어 있다. 따라서 키보드에 표시된 기호들이 사용자의 키보드와 다르게 표시될 수도 있다. 이를 사용자의 환경에 맞게 바꾸려면 키보드의 유형과 매핑을 바꾸어야 한다. 다행히도 키보드의 목록은 매우 풍부하게 구성되어 있어서 선택의 폭이 넓다. 단, 지역(locale) 설정을 바꿀 경우 키보드 설정에도 영향을 줄 수 있으니 주의한다.

5 Enable Camera

라즈베리 파이 카메라 모듈을 활성화하는 옵션이다. 초기에는 비활성화로 설정되어 있다. 11장에서 이 옵션을 활성화로 바꾼다.

6 Add to Rastrack

라즈베리 파이를 Rastrack에 등록하는 옵션이다. Rastrack(http://rastrack.co.uk/)에 접속하면 등록된 라즈베리 파이의 전세계적인 분포 지도를 볼 수 있다. 필수 옵션은 아니며 공식적인 등록 과정도 아니니 지나쳐도 상관없다.

7 Overclock

프로세서의 실행 속도를 700MHz 이상으로 설정할 수 있는 항목이다. 오버클록은 파이의 수명을 단축시킬 수 있으므로 일단은 초기 상태로 사용한다. 하지만 간단한 테스트를 위해서라면, 라즈베리 파이 1의 경우 Modest 또는 Medium을, 라즈베리 파이 2의 경우 High를 시도해 보는 것도 좋다. 필요하다면 나중에 다시 이 항목의 설정을 바꿔도 된다 (Turbo 모드와 Pi2 모드에서는 1,000MHz까지 속도를 높일 수 있다).

8 Advanced Options → A1 Overscan

오버스캔 기능은 일단 비활성화 상태로 놔둔다. 그런데 고해상도 모니터에 파이의 화면을 출력할 경우, 화면이 모니터의 표현 영역에 맞지 않게 표시되거나 텍스트가 화면 옆쪽으로 몰려서 표시되는 현상이 나타날 수 있다. 이런 경우에는 오버스캔 기능을 활성화하고 화면에 맞게 값을 조정하여 문제를 해결할 수 있다. 값은 디스플레이 소프트웨어가 바로잡을 수 있는 오버스캔의 양을 의미한다. 이미지가 화면 밖으로 나갈 경우에는 값을 양수로 설정하고 화면의 가장자리에 검은 테두리가 생기는 경우에는 값을 음수로 설정한다.

8 Advanced Options → A2 Hostname

라즈베리 파이의 초기 호스트 이름은 raspberrypi이다. 호스트 이름은 컴퓨터에게 부여된 일종의 이름이며 명령어 인터페이스 또는 네트워크상에 표시되는 파이의 명칭이기도 하다. 여러 대의 파이를 사용하고 있어서 보드를 구분해야 할 필요가 있을 경우나 파이에 자신만의 명칭을 부여하고 싶을 때는 이곳에서 파이의 이름을 바꾸면 된다.

8 Advanced Options → A3 Memory Split

CPU와 GPU가 사용하는 메모리의 양을 변경할 수 있다. 일단은 초기 설정을 사용한다.

8 Advanced Options → A4 SSH

보안 셸(SSH) 서버를 활성화시켜서 사용자가 네트워크를 통해 원격으로 라즈베리 파이에 로그인할 수 있게 해준다. 매우 편리한 기능이므로 활성화한다.

8 Advanced Options → A5 Device Tree

하드웨어 정보를 기술하는 일종의 데이터 구조다. 일단은 초기 설정을 사용한다.

8 Advanced Options → A6 SPI

직렬 주변 장치 인터페이스(SPI)의 활성화 여부를 설정하는 옵션이다.

일단은 초기 설정을 따른다.

8 Advanced Options → A7 I2C

직렬 버스의 하나인 아이-스퀘어 씨(Inter-Integrated Circuit, I2C)의 활
성화 여부를 설정한다. 일단은 초기 설정을 사용하고, 보다 자세한 내
용은 10장에서 다룬다.

8 Advanced Options → A8 Serial

시리얼 핀을 통해 셸에 로그인하고 메시지를 송수신하는 기능이다. 초
기 설정은 활성화로 되어 있으며, 일단은 초기 설정을 사용한다.

8 Advanced Options → A9 Audio

오디오 출력 단자를 설정하는 옵션이다. 3.5mm 오디오 잭이나 HDMI
로 강제로 출력할 수 있으며 자동 모드도 가능하다. 초기 설정은 자동
모드이며, 일단은 초기 설정을 사용하도록 한다.

8 Advanced Options → A9 Update

인터넷에 연결되어 있다면 이 항목으로 설정 유틸리티를 업데이트할
수 있다. 하지만 처음 부팅했을 때는 업데이트하지 않는 게 좋다. 2장
에서 이와 관련된 내용을 보다 자세하게 다룰 것이다.

9 About raspi-config

해당 설정 툴에 대한 안내문을 출력한다.

설정을 모두 마쳤다면 Finish를 선택한다. 설정 사항에 따라 재부팅을
권유하는 창이 뜨거나 명령어 인터페이스로 되돌아가게 된다. 명령어
인터페이스에서 설정 사항을 적용하기 위해 재부팅하려면 프롬프트에
다음과 같이 입력한다.

```
pi@raspberrypi ~ $ sudo reboot
```

명령어를 입력하고 엔터 키를 치면 파이가 새로운 설정으로 재부팅된다. 모든 과정이 이상 없이 진행되었다면 (그리고 그래픽 데스크톱 환경으로 부팅하는 항목을 활성화해 두었다면) LXDE(Lightweight X11 Desktop Environment)에서 Openbox 윈도우 관리자가 실행되는 것을 볼 수 있다. 이제 파이를 사용할 준비를 마친 셈이다.

1.7 종료하기

라즈베리 파이에는 전원 버튼이 없다(최신 보드는 헤더에 리셋 핀이 있지만 전원 버튼은 장착되어 있지 않다). 올바르게 시스템을 종료하려면 그래픽 데스크톱의 메뉴에서 'Shutdown...'을 클릭한다. 그러면 종료(Shutdown), 재부팅(Reboot) 그리고 로그아웃(Logout) 옵션을 선택할 수 있는 세션 창이 뜬다.

명령어 인터페이스에서는 아래와 같이 명령을 입력하여 시스템을 종료한다.

```
pi@raspberrypi ~ $ sudo shutdown -h now
```

항상 적절한 방식으로 시스템을 종료하는 것이 좋다(무작정 전원 플러그를 뽑지 않도록 한다). 시스템을 적절한 방식으로 종료하지 않은 채 전원을 끄면 경우에 따라서는 SD 카드에 장애가 발생할 수 있다.

헤드리스

모니터, 키보드 그리고 마우스를 연결하지 않은 상태로 라즈베리 파이를 사용하는 것을 헤드리스(Headless)라고 한다. 사용자는 취향이나 필요에 따라 몇 가지 방식으로 헤드리스 상태로 파이에 접속할 수 있다. 만약 명령어 인터페이스만 사용한다면 라즈베리 파이를 네트워크에 연결한 다음, SSH 클라이언트로 파이에 접속하면 된다(SSH 접속 초기 username은 pi이며 password는 raspberry다). 클라이언트는, 맥이나 리눅스의 경우 내장된 SSH 유틸리티를 사용하면 되고 윈도우(또는 리눅스)의 경우 PuTTY[7]를 사용하면 된다. 라즈베리 파이의 SSH 서버는 기본적으로 활성화되어 있다(만약 파이가 부팅될 때 SSH 서버가 자동으로 시작하지 않는다면 raspi-config를 다시 실행하고 환경 설정에서 SSH를 활성화한다).

네트워크를 통해 파이에 접속하는 또 다른 방법은 파이에 가상 네트워크 컴퓨팅(Virtual Network Computing, VNC) 서버를 실행하고 컴퓨터에서 VNC 클라이언트를 실행하여 접속하는 것이다. 이 방법을 사용하면 노트북이나 데스크톱 컴퓨터에서 파이의 그래픽 데스크톱 환경을 그대로 창에 띄워서 사용할 수 있다. 이는 특히 이동식 개발 환경에서 진가를 발휘하곤 한다. TightVNC[8]는 가볍고 유용한 VNC 서버다. 설치하는 방법은 라즈베리 파이 허브[9]에 자세하게 안내되어 있으니 참고한다.

키보드나 모니터 없이 파이에 로그인하는 세 번째 방법은 GPIO 헤더의 핀을 몇 개 활용하는 것이다. 라즈비안 배포판은 부팅할 때 GPIO 헤더의 시리얼 포트를 모니터하는 프로그램이 자동으로 실행되도록 초기에 설정되어 있다. FTDI에서 출시한 라즈베리 파이 케이블(TTL-232R-RPI)을 사용하면 컴퓨터에서 USB 케이블을 통해 파이의 시리얼 모니터 프로그램에 접속할 수 있다. 이 케이블에는 세 개의 전선이 달려 있으며 각각 파이의 그라운드, TX 핀 그리고 RX 핀에 연결해서 사용한다. 모던 디바이스에서 출시한 BUB I 제품은 또 다른 대안이 될

---

7 http://www.chiark.greenend.org.uk/~sgtatham/putty
8 http://www.tightvnc.com
9 http://elinux.org/RPi_VNC_Server

수 있다. 이 장치는 FTDI 칩의 연결 보드이며 사용자가 일정 부분 신호의 경로를 손볼 수 있는 기회를 제공한다.

1.8 문제 해결하기

많은 사람들이 준비하는 과정에서 공통적으로 범하는 실수와 누락하는 단계가 있다. 만약 무엇인가 기대와 다르게 작동한다면, 아래의 항목들을 빠짐없이 확인해 보자.

- SD 카드는 슬롯에 꽂혀 있으며 접촉 상태는 양호한가? 적절한 SD 카드를 사용하고 있는가?
- 디스크 이미지는 올바른 방법으로 카드에 복사했는가? 카드 리더기를 바꿔서 다시 복사해 보자.
- SD 카드에 쓰기 방지가 걸려 있는 것은 아닌가? 카드 옆에 있는 작은 스위치를 잘못 만질 경우 쓰기 방지에 걸린다.
- 디스크 이미지 원본에는 문제가 없는지 확인한다. 안전한 해시 알고리즘(Secure Hash Algorithm, SHA)의 검사 합계(Checksum) 유틸리티로 디스크 이미지를 검사하고 그 결과를 다운로드 페이지에 있는 40개 문자로 구성된 해시와 비교하면 이상 유무를 확인할 수 있다.
- 파이가 자꾸 재시작하거나 간헐적으로 문제를 일으키는가? 전원을 확인해 본다. 전력이 부족하면 일견 작동하고 있는 것처럼 보여도 불안정해질 수 있다.
- 시작할 때 커널 패닉이 발생하는가? 커널 패닉은 윈도우에서 발생하는 죽음의 블루 스크린과 같은 것이다. 대부분의 경우는 USB 허브에 장착된 장치 때문에 발생하곤 한다. USB 장치를 분리하고 다시 시작해 본다.

위의 방법으로 문제를 해결할 수 없을 때는 라즈베리 파이 허브의 문제 해결하기 페이지[10]를 살펴본다. 여기에는 다른 사람들이 겪었던 온갖 종류의 문제들과 그에 대한 해결책이 제시되어 있다.

> **운영체제의 버전과 보드의 종류 확인하기**
>
> 만약 문제를 해결하기 위해 이메일이나 포럼의 게시판을 사용해야 한다면, 자신이 사용하고 있는 운영체제의 버전과 보드의 종류를 정확하게 기술해야 더 명확한 답변을 받을 수 있다. 운영체제의 버전을 확인하려면 LXTerminal을 실행하고 아래와 같이 입력한다.
>
> ```
> cat /proc/version
> ```
>
> 보드의 버전을 확인하려면 아래와 같이 입력한다.
>
> ```
> cat /proc/cpuinfo
> ```

1.9 더 알아보기

라즈베리 파이 허브

파이의 하드웨어 및 설정과 관련된 정보가 있는 방대한 위키다. elinux.org에서 관리하고 있다. (http://elinux.org/RPi_Hub)

인증 받은 주변 장치 목록

라즈베리 파이에서 정상적으로 작동한다고 알려진 주변 장치들에 대한 명확한 목록을 제공한다. (http://elinux.org/RPi_Verified Peripherals)

---

10 http://elinux.org/R-Pi_Troubleshooting

책에서 간략하게만 설명하고 있거나 처음 시작하는 독자를 위해 추가적인 설명이 필요하다고 생각되는 부분을 모아서 정리한 옮긴이의 블로그다. 가령, 학교에서 강의를 하다보니 책에서 언급하지 않은 상황(특히 네트워크 관련)이 발생하곤 하여 관련 해법 등을 얻을 수 있다. (https://acertainlog.wordpress.com/)

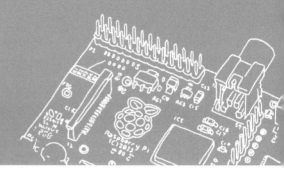

2
리눅스 사용하기

라즈베리 파이의 기능을 충분히 활용하려면 리눅스를 조금 알아둘 필요가 있다. 이 장에서는 라즈베리 파이를 사용할 때 꼭 알고 있어야 할 리눅스 사용법을 알아본다. 여기에는 운영체제와 파일을 관리하기 위해 알아야 할 배경지식이나 명령어 등이 포함되며, 명령어 인터페이스나 데스크톱에서 패키지를 설치하는 방법 등도 다룬다. 나아가 일상적으로 자주 사용하게 될 중요한 도구들도 소개한다.

라즈비안에는 LXDE(Lightweight X11 Desktop Environment)라고 하는 그래픽 데스크톱 환경이 설치되어 있다(그림 2-1). 이는 X 윈도우 시스템의 데스크톱 환경을 축소한 것이다. X 윈도우 시스템은 1980년대부터 유닉스와 리눅스 컴퓨터의 GUI 환경을 지원해 왔다. 데스크톱이나 메뉴에 보이는 일부 툴들은 LXDE에 포함된 번들 소프트웨어다(가령, Leafpad 텍스트 에디터나 LXTerminal 셸 등이 이에 해당된다).

데스크톱의 배경 이미지나 색깔, 또는 메뉴 바(Menu bar)의 크기 등을 바꾸려면 '메뉴 → Preference → Appearance Setting'을 실행한다. 데스크톱의 아이콘이나 고급 설정 등을 바꾸려면 데스크톱에서 마우

그림 2-1. 그래픽 데스크톱

스의 오른쪽 버튼을 클릭하고 Desktop Preference를 실행한다(또는 터미널에서 pcmanfm --desktop-pref를 입력한다). 한편, 테마를 바꾸거나 수정하려면 터미널에서 lxappearance라고 입력한다. 애플의 OS X나 마이크로소프트의 윈도우 운영체제와는 달리 리눅스에서는 데스크톱 환경을 완전히 바꾸거나 새로운 윈도우 관리자를 설치하는 일이 상대적으로 수월하다. 덕분에 라즈베리 파이 운영체제의 다른 배포판들은 셋톱 미디어 박스, 전화기 시스템 또는 네트워크 방화벽 등의 용도에 최적화된 상이한 모습들을 제공한다. 이에 대해서는 http://elinux. org/RPi_Distributions 또는 3장을 참고한다.

파이의 데스크톱 응용프로그램은 다른 운영체제의 데스크톱 환경이 제공하는 응용프로그램과 일부 다를 수 있다.

파일 관리자

명령어 인터페이스로 파일을 관리하는 방식(이에 대해서는 곧 살펴볼 것이다)을 선호하지 않는다면 메뉴의 'Accessories'에 있는 'File Manager'를 사용한다. 아이콘과 폴더를 통해 익숙한 방식으로 파일시스템을 관리할 수 있을 것이다.

웹 브라우저

라즈베리 파이의 기본 브라우저는 에피퍼니(Epiphany) 웹 브라우저다. 에피퍼니는 저사양의 시스템에서도 잘 작동하며 HTML5, 자바스크립트 그리고 하드웨어 비디오 디코딩 등을 지원한다. 덕분에 초기의 기본 브라우저였던 미도리(Morodi)와는 달리 유튜브의 HTML5 동영상까지 재생할 수 있게 되었다. 자바와 같은 새로운 소프트웨어를 설치하는 방법에 대해서는 곧 알아볼 것이다. 한편 일반 컴퓨터에 비하면 라즈비안은 매우 가벼운 배포판으로 디자인되었기 때문에 컴퓨터에서 일반적으로 사용하던 브라우저의 모든 기능을 에피퍼니에서도 다 사용할 수 있는 것은 아니다. 웹 브라우저 창의 우측 상단에 있는 메뉴를 열고 어떤 툴과 메뉴들이 있는지 살펴보자(그림 2-2). 필요하다면 에피퍼니 외에 Netsurf나 Dillo 또는 Chromium 같은 브라우저를 설치해서 사용할 수 있다.

비디오와 오디오

멀티미디어 재생은 omxplayer가 관리한다. omxplayer는 복잡하기는 하지만 매우 강력하며, 명령어 인터페이스에서만 사용할 수 있는 유틸리티다. omxplayer는 특히 프로세서의 그래픽 처리 장치(GPU)와 잘 어울리도록 디자인되어 있다. 그에 비해 다른 무료 소프트웨어인 VLC나 mPlayer는 GPU와 잘 맞는 편이 아니다.

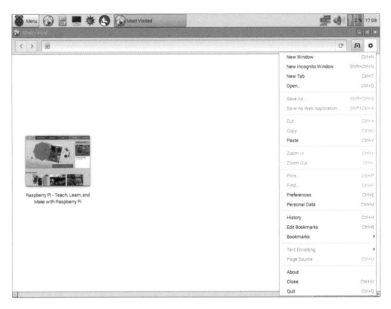

그림 2-2. 에피퍼니 웹 브라우저의 풀다운 메뉴

> ✎ 라즈베리 파이는 가격을 낮추기 위해 일부 비디오 라이선스를 포함하고 있지
> 않다. 따라서 MPEG-2 포맷(또는 마이크로소프트의 VC-1 포맷)으로 인코딩 된
> TV나 DVD를 보고 싶다면 라즈베리 파이 재단의 온라인 스토어에서 라이선스
> 키를 구입해야 한다. H.264(MPEG-4)의 디코딩과 인코딩 라이선스는 라즈베
> 리 파이에 포함되어 있다.

울프람과 매스매티카

라즈비안에는 볼프람(Wolfram) 언어와 매스매티카(Mathematica)의
시험 버전이 번들로 포함되어 있다. 두 응용프로그램의 아이콘은 데스
크톱 환경에서 쉽게 발견할 수 있다. 매스매티카는 울프람 프로그래밍
언어의 전치(Frontend) 인터페이스다. 이 둘은 수학, 과학 그리고 공학

분야의 복잡한 계산을 할 때 일반적으로 사용되곤 한다. '울프람 언어 및 시스템 설명 센터[1]'에 울프람과 매스매티카의 용도와 사용법이 잘 설명되어 있다.

파이 스토어

파이 스토어를 방문하면 라즈베리 파이용 소프트웨어를 다운 받거나 라즈베리 파이 관련 문서를 볼 수 있다(그림 2-3). 데스크톱의 '메뉴 → Internet → Pi Store'를 클릭하면 파이 스토어가 열린다. 하지만 대부분 의 소프트웨어 패키지는 명령어 인터페이스에서 apt-get 유틸리티를 사용해서 설치하게 될 것이다. 이에 대해서는 55쪽의 '새로운 소프트 웨어 설치하기'에서 더 자세하게 설명한다.

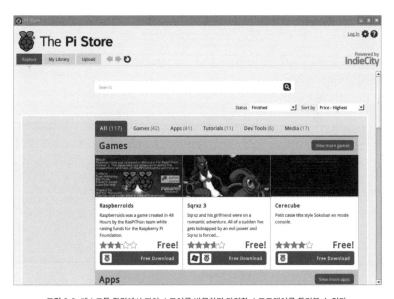

그림 2-3. 데스크톱 환경에서 파이 스토어를 방문하면 다양한 소프트웨어를 둘러볼 수 있다.

---

1   http://reference.wolfram.com/language/

텍스트 편집기

Leafpad는 기본 텍스트 편집기이며 데스크톱의 '메뉴 → Accessories' 에서 찾을 수 있다. 데스크톱 환경이 아닐 경우에는 배우기 쉽고 군 더더기 없는 Nano 텍스트 편집기를 사용한다. Vim도 설치되어 있다. Vim은 명령 프롬프트에 vi를 입력하면 실행된다. 다른 대중적인 Unix 용 텍스트 편집기인 Emacs와 같은 툴은 설치되어 있지 않지만 쉽게 설 치할 수 있다(55쪽의 '새로운 소프트웨어 설치하기' 참고).

복사하기와 붙여넣기

일부 예외적인 프로그램을 제외하면, 응용프로그램들 사이에서 복사 하기와 붙여넣기 기능은 대체로 잘 작동하는 편이다. 마우스에 가운데 버튼이 있다면, 복사하고 싶은 텍스트 영역을 마우스의 왼쪽 버튼을 누른 채로 드래그해서 하이라이트를 준 다음, 붙여넣기를 할 다른 창 으로 마우스 커서를 옮긴 뒤 가운데 버튼을 클릭하여 선택한 텍스트를 붙여넣기할 수 있다.

셸

라즈베리 파이를 사용하다 보면 명령어 인터페이스로 이동하여 명령 을 입력하는 일이 많을 것이다. LXTerminal 프로그램은 명령어 인터 페이스 또는 셸(Shell)을 띄워 준다. 라즈비안의 기본 셸은 리눅스 시 스템에서 매우 대중적인 배시(Bourne-again shell, bash)이다. 대시 (Debian Almquist shell. dash)라고 하는 다른 셸을 사용할 수도 있다. 셸을 바꾸고 싶으면 chsh 명령어를 사용한다.

2.1 명령어 인터페이스 사용하기

명령어 인터페이스를 마주할 때는 텍스트 기반의 어드벤처 게임을 하고 있다고 상상해 보자. 다만 차이가 있다면 게임에서 등장할 법한 괴물이나 미로 대신 파일과 파일시스템이 등장할 뿐이다. 이러한 상상이 그다지 도움이 되지 않는다 해도 너무 걱정할 필요는 없다. 이 절의 모든 명령어와 개념은 표준 리눅스에 준하며, 배울 만한 가치는 충분히 있다. 이제 LXTerminal 프로그램(그림 2-4)을 실행하고 리눅스를 배워 보자. 셸에서 작업할 때 매우 유용한 두 가지 팁을 기억해야 한다. 바로 자동완성(Autocomplete)과 명령어 이력(Command history)이다. 자동완성을 사용하려면 명령어나 파일명의 앞 글자 몇 개만 입력하고 탭을 친다. 그러면 셸이 현재 디렉터리에 있는 파일 이름의 부분 또는 전체를 완성해 주거나 자주 사용하는 디렉터리에 있는 프로그램의 명령어를 띄워 준다(셸은 /bin이나 /usr/bin/ 같은 디렉터리에서 실행 프로그램을 검색한다). 명령어 이력을 보려면 명령어 인터페이스에서 키보드의 위쪽 화살표를 누른다. 키를 누를 때마다 과거에 입력했던 명령이 하나씩 나타나는데, 긴 명령어를 잘못 써서 고쳐 입력해야 할 경우 특히 유용하다.

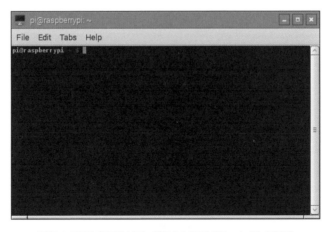

그림 2-4. 명령어 인터페이스(또는 셸)를 사용하려면 LXTerminal을 실행한다.

파일과 파일시스템

표 2-1에는 파일시스템에 있는 주요 디렉터리가 나열되어 있다. 대부분의 디렉터리는 리눅스 표준에 따라 파일의 위치를 지정하고 있으며 두 개의 디렉터리만 라즈베리 파이에 특화되어 있다. 라즈베리 파이의 모든 하드웨어 관련 파일들은 /sys 디렉터리 안에 들어 있다.

표 2-1. 라즈비안 파일시스템의 주요 디렉터리들

디렉터리	설명
/	최상위 디렉터리
/bin	모든 사용자가 실행할 수 있는 프로그램들과 명령어들
/boot	부팅할 때 필요한 모든 파일들
/dev	시스템의 장치들을 표시하는 모든 특수 파일들
/etc	환경 설정 파일들
/etc/init.d	서비스를 시작하는 스크립트들
/etc/X11	X11 환경 설정 파일들
/home	사용자의 홈 디렉터리
/home/pi	사용자 pi의 홈 디렉터리
/lib	커널 모듈/드라이버
/media	이동식 미디어의 마운트 포인트
/proc	프로세스 및 운영체제의 실행에 필요한 세부 지침들이 있는 가상 디렉터리
/sbin	시스템 유지 및 보수용 프로그램들
/sys	하드웨어 장치를 표시하는 라즈베리 파이만의 특수 디렉터리
/tmp	프로그램이 임시 파일을 만드는 공간
/usr	모든 사용자가 사용할 수 있는 프로그램들과 데이터
/usr/bin	운영체제가 제공하는 대부분의 프로그램들이 있는 곳
/usr/games	게임들
/usr/lib	공용 프로그램들을 지원하는 라이브러리들
/usr/local	사용 중인 기기에 특화된 소프트웨어가 있는 곳
/usr/sbin	시스템 관리자 프로그램들
/usr/share	특정 프로세서나 아키텍처에 특화되지 않은 지원 파일들
/usr/src	리눅스의 오픈 소스 파일들

/var	시스템의 로그 및 스풀(spool) 파일들
/var/backups	시스템 필수 파일들의 백업 복사본
/var/cache	apt-get과 같은 프로그램들이 임시 데이터를 저장하는 곳
/var/log	모든 시스템 로그와 개별 서비스의 로그
/var/mail	이메일을 관리하도록 설정할 경우, 모든 사용자의 이메일이 저장되는 곳
/var/spool	처리 대기 중인 데이터(가령, 수신 중인 이메일, 프린트 작업 등)

명령 프롬프트를 보면 왼쪽에는 사용자가 현재 위치해 있는 디렉터리가 표시된다. 리눅스에서는 사용자의 홈 디렉터리를 짧게 줄여 물결(~)로 표시한다. LXTerminal을 실행하면 사용자(pi)는 자신의 홈 디렉터리에 위치하게 되며 아래와 같은 프롬프트가 뜨는 것을 볼 수 있다.

```
pi@raspberrypi ~ $
```

프롬프트에 대한 설명은 다음과 같다.

pi@❶ raspberrypi❷ ~❸ $❹

❶ pi는 현재 사용자의 이름이며 그 뒤에 골뱅이 기호(@, at)가 붙어 있다.

❷ 컴퓨터의 이름은 raspberrypi다. 이는 기본 호스트 이름이기도 하다.

❸ 현재 작업 중인 디렉터리다. 사용자는 항상 자신의 홈(~)에서 시작한다.

❹ 셸 프롬프트다. 사용자가 입력하는 텍스트는 셸 프롬프트의 오른쪽에 나타난다. 명령어를 입력한 뒤 엔터 키나 리턴 키를 치면 실행된다.

> 🖉 예제들이 너무 어수선하게 보이지 않도록 이 장 이후의 예제에서는 필요한 경우가 아니라면 프롬프트의 pi@raspberrypi ~ 부분은 생략하고 $부터 표기한다.

파일시스템에 있는 다른 디렉터리로 이동하려면 cd 명령어(Change directory)를 사용한다. 아래의 두 명령은 결과가 같다(작업 디렉터리를 사용자 pi의 홈 디렉터리로 바꾼다).

```
pi@raspberrypi ~ $ cd /home/pi/
pi@raspberrypi ~ $ cd ~
```

디렉터리 경로 앞에 슬래시 기호(/)를 붙이면 파일시스템의 최상위 위치부터 해당 디렉터리까지의 경로를 표시하는 절대경로로 해석된다. 그에 비해 슬래시로 시작하지 않는 경로는 현재 작업 디렉터리가 기준이 되는 상대경로로 해석된다. 현재 작업 디렉터리는 '.'로 표기하고 상위 디렉터리는 '..'로 표기한다. 가령, 홈 디렉터리(/home/pi)에서 파일시스템의 최상위 디렉터리(/)로 이동하려면 아래와 같이 연달아 입력한다.

```
pi@raspberrypi ~ $ cd ..
pi@raspberrypi /home $ cd ..
```

절대경로 표시인 /를 입력하면 단번에 최상위 디렉터리로 이동할 수 있다.

```
pi@raspberrypi ~ $ cd /
```

특정 디렉터리에 있는 파일들의 목록을 출력하려면 ls 명령(list)을 사용한다.

```
pi@raspberrypi / $ ls
bin   dev   home   lost+found   mnt   proc   run   selinux   sys   usr
boot  etc   lib    media        opt   root   sbin  srv       tmp   var
```

대부분의 명령어에는 추가적으로 사용할 수 있는 속성(Parameters)이나 스위치(Switches)가 있어서 필요에 따라 다양한 형태로 명령을 실행할 수 있다. 가령, ls 명령어 뒤에 -l 스위치를 추가하면 파일의 목록

을 출력할 때 파일의 크기, 날짜 그리고 권한 등의 상세한 정보까지 볼
수 있다.

```
pi@raspberrypi ~ $ ls -l
total 8
drwxr-xr-x 2 pi pi 4096 Oct 12 14:26 Desktop
drwxrwxr-x 2 pi pi 4096 Jul 20 14:07 python_games
```

숨겨진 파일을 포함한 모든 파일의 목록을 출력하려면 -a 스위치도 추
가한다.

```
pi@raspberrypi ~ $ ls -la
total 80
drwxr-xr-x 11 pi   pi    4096 Oct 12 14:26 .
drwxr-xr-x  3 root root 4096 Sep 18 07:48 ..
-rw-------  1 pi   pi      25 Sep 18 09:22 .bash_history
-rw-r--r--  1 pi   pi     220 Sep 18 07:48 .bash_logout
-rw-r--r--  1 pi   pi    3243 Sep 18 07:48 .bashrc
drwxr-xr-x  6 pi   pi    4096 Sep 19 01:19 .cache
drwxr-xr-x  9 pi   pi    4096 Oct 12 12:57 .config
drwx------  3 pi   pi    4096 Sep 18 09:24 .dbus
drwxr-xr-x  2 pi   pi    4096 Oct 12 14:26 Desktop
-rw-r--r--  1 pi   pi      36 Sep 18 09:35 .dmrc
drwx------  2 pi   pi    4096 Sep 18 09:24 .gvfs
drwxr-xr-x  2 pi   pi    4096 Oct 12 12:53 .idlerc
-rw-------  1 pi   pi      35 Sep 18 12:11 .lesshst
drwx------  3 pi   pi    4096 Sep 19 01:19 .local
-rw-r--r--  1 pi   pi     675 Sep 18 07:48 .profile
drwxrwxr-x  2 pi   pi    4096 Jul 20 14:07 python_games
drwx------  4 pi   pi    4096 Oct 12 12:57 .thumbnails
-rw-------  1 pi   pi      56 Sep 18 09:35 .Xauthority
-rw-------  1 pi   pi     300 Oct 12 12:57 .xsession-errors
-rw-------  1 pi   pi    1391 Sep 18 09:35 .xsession-errors.old
```

파일의 이름을 바꾸거나 옮기려면 mv 명령(move)을 사용한다. 아무
내용도 없는 빈 더미 파일을 생성하려면 touch 명령을 사용한다.

```
pi@raspberrypi ~ $ touch foo
pi@raspberrypi ~ $ ls
foo   Desktop   python_games
pi@raspberrypi ~ $ mv foo baz
pi@raspberrypi ~ $ ls
baz   Desktop python_games
```

파일을 삭제하려면 rm 명령(remove)을 사용한다. 빈 디렉터리를 삭제하려면 rmdir 명령(remove directory)을 사용하고, 디렉터리 안에 파일이나 디렉터리가 있을 경우에는 rm -r 명령을 사용한다. -r은 디렉터리 내에 있는 모든 파일이나 디렉터리에 대해 반복적으로(Recursively) rm 명령을 적용하도록 하는 속성이다.

어떤 명령어의 모든 속성에 대해 알아보고 싶다면 man 명령을 사용한다(또는 --help 옵션을 사용해도 된다).

```
pi@raspberrypi ~ $ man curl
pi@raspberrypi ~ $ rm --help
```

새로운 디렉터리를 만들려면 mkdir 명령(make directory)을 사용한다. 디렉터리에 있는 모든 파일들을 하나의 파일로 묶을 때는 tar 명령을 사용한다. tar는 테이프 백업(Tape archives)을 위해 1980년대에 고안되었으나, 현재는 배포 또는 아카이브용으로 디렉터리를 묶는 데 사용된다. 한편, gzip 명령을 사용하면 파일을 압축할 수 있다. 아래의 예제를 따라해 보자.

```
pi@raspberrypi ~ $ mkdir myDir
pi@raspberrypi ~ $ cd myDir
pi@raspberrypi ~ $ touch foo bar baz
pi@raspberrypi ~ $ cd ..
pi@raspberrypi ~ $ tar -cf myDir.tar myDir
pi@raspberrypi ~ $ gzip myDir.tar
```

위의 예제를 실행하면 myDir 디렉터리를 묶어서 .tar.gz 아카이브로 만들 수 있다. 이 파일은 이메일이나 인터넷으로 배포할 수 있다.

2.2 리눅스 더 살펴보기

리눅스(그리고 유닉스)는 작고 간단한 코드의 모듈 조각들을 묶어서 보다 크고 복잡한 시스템을 만들 수 있도록 디자인되었고, 덕분에 상당한 성공을 거둘 수 있었다. 모듈 조각들을 한데 묶는 비결은 바로 파이프(Pipe)와 리다이렉션(Redirection)에 있다.

파이프는 두 프로그램을 묶는 방식 중 하나로, 간단히 말하면 한 프로그램의 출력이 다른 프로그램의 입력으로 연결되도록 이어 주는 기능이다. 모든 리눅스 프로그램은 표준 입력(보통 stdin이라고 함)을 통해 데이터를 읽고(Read), 표준 출력(Stdout)을 통해 데이터를 쓸(Write) 수 있으며, 표준 에러(Stderr)를 통해 에러 메시지를 내보낼 수 있다. 즉, 파이프를 사용하면 한 프로그램의 stdout을 다른 프로그램의 stdin으로 연결할 수 있다(그림 2-5). 파이프는 아래의 예제와 같이 │ 연산자를 사용한다.

```
pi@raspberrypi ~ $ ls -la | less
```

(less 프로그램을 종료하려면 q 키를 누른다.)

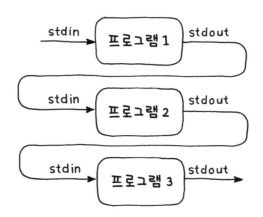

그림 2-5. 파이프는 작은 프로그램들을 묶어서 보다 큰 과제를 수행할 수 있도록 해준다.

이제 아래의 예제를 실행해 보자.

```
pi@raspberrypi ~ $ sudo cat /boot/kernel.img | aplay
```

이 명령은 커널 이미지를 읽어서 데이터의 모든 1과 0을 오디오 재생기로 전달한다. 즉, 커널 이미지가 스피커를 통해 소리로 흘러나오게 된다. 어쩌면 스피커 소리를 조금 낮추는 것이 좋을 것이다.

리다이렉션은 어떤 명령을 실행해서 산출한 stdout 출력물을 파일로 만드는 것으로, 이 책의 몇몇 예제에서도 유용하게 활용된다. 나중에 보다 자세하게 살펴보겠지만, 리눅스에서는 많은 것들이 일반적인 파일로 취급된다(가령, 라즈베리 파이의 범용 입출력 핀들도 파일로 취급된다). 따라서 리다이렉션은 매우 편리하게 활용될 수 있다. 리다이렉션을 하려면 〉 연산자를 사용한다.

```
pi@raspberrypi ~ $ ls > directoryListing.txt
```

특수한 제어 키

앞서 언급한 자동완성 키(탭)와 명령어 이력 키(위 화살표) 외에도 셸을 사용할 때 유용한 특수 제어 키들이 있다. 그중 몇몇은 아래와 같다.

Ctrl-C   실행 중인 프로그램을 종료한다. 단, 텍스트 편집기와 같은 몇몇 대화형 프로그램에서는 사용할 수 없는 경우도 있다.

Ctrl-D   셸을 종료한다. 이 명령은 명령 프롬프트에서 직접 쳐야 한다($ 뒤에 무엇인가 입력되어 있을 때는 작동하지 않을 수도 있다).

Ctrl-A   커서를 행의 맨 앞으로 이동한다.

Ctrl-E   커서를 행의 맨 뒤로 이동한다.

이 외에 다른 제어 키들도 많이 있지만, 위의 키들은 특히 일상적으로 자주 사용하니 잘 기억해 두자.

때로는 파일에 기입된 내용을 화면에 출력해야 하는 경우가 있다. 텍스트 파일에 기입된 내용이 많아서 한 화면씩 끊어서 출력하고 싶다면 less 명령을 사용한다.

```
pi@raspberrypi ~ $ ls > flob.txt
pi@raspberrypi ~ $ less flob.txt
```

어떤 파일에 기입된 내용을 한꺼번에 표준 출력으로 내보내려면 cat 명령어(Concatenate)를 사용한다. 이 명령어는 어떤 파일의 내용을 다른 프로그램으로 전달하거나 또는 리다이렉션하고 싶을 때도 유용하게 사용할 수 있다.

가령, 아래는 하나의 파일을 새로운 이름의 다른 파일로 복사한다 (두 번째 행에서 먼저 두 파일을 연결한다).

```
pi@raspberrypi ~ $ ls > wibble.txt
pi@raspberrypi ~ $ cat wibble.txt > wobble.txt
pi@raspberrypi ~ $ cat wibble.txt wobble.txt > wubble.txt
```

어떤 파일의 마지막 몇 줄(가령, 로그 파일의 가장 최근 기록들)만 보고 싶을 때는 tail 명령을 사용하고, 반대로 처음 몇 줄만 보려면 head 명령을 사용한다. 하나 또는 그 이상의 파일에서 특정한 문자열을 검색하고 싶을 때는 grep 프로그램을 이용한다.

```
pi@raspberrypi ~ $ grep Puzzle */*
```

grep은 전용 정규 표현식을 풍부하게 갖춘 강력한 도구다. 하지만 정규 표현식은 사용자가 판독하기에 다소 어려울 수 있다. 그래서 아무리 리눅스의 평판이 좋다고 하더라도 정규 표현식은 초보자들에게 다소 진입하기 까다롭고, 불투명한 장벽이 되곤 한다.

프로세스

파이에서는 모든 프로그램이 별도의 프로세스로 실행된다. 그래서 파이를 사용하다 보면 자신도 모르게 수십 개의 프로세스가 실행되고 있을 때도 있다. 처음 부팅을 하면 다양한 작업이나 서비스를 실행하는 약 75개 내외의 프로세스가 실행된다. 실행 중인 프로세스들을 확인하려면 top 프로그램을 실행하면 된다. 그러면 프로세스가 CPU 및 메모리를 사용하는 현황이 출력된다. top이 자원을 많이 사용하는 상위 프로세스 위주로 보여 주는데 비해, ps 명령은 모든 프로세스와 프로세스의 ID 번호(그림 2-6)도 보여 준다. 아래의 예제를 실행해 보자.

```
pi@raspberrypi ~ $ ps aux | less
```

말썽을 부리거나 응답하지 않는 프로세스는 강제로 종료시켜야 할 때도 있다. 프로세스를 종료하려면 kill 명령 뒤에 프로세스의 ID를 기입한다.

```
pi@raspberrypi ~ $ kill 95689
```

한편, 일부 시스템 프로세스는 pi 계정의 권한으로는 종료할 수 없다 (이는 다음 절에서 살펴볼 sudo를 통해서 해결할 수 있다).

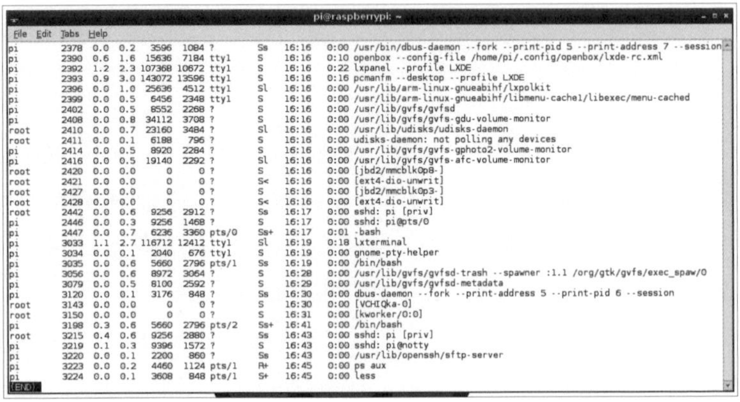

그림 2-6. ps 명령을 사용하면 현재 파이에서 실행 중인 모든 프로세스를 확인할 수 있다.

권한과 sudo

리눅스는 다중 사용자 운영체제다. 즉, 개별 사용자마다 파일시스템 내에 있는 자신만의 계정 공간에서 파일을 소유, 생산, 수정 그리고 삭제할 수 있다. 그에 비해 루트(root) 또는 슈퍼(super) 권한을 가진 사용자는 파일시스템의 어떤 파일이라도 변경할 수 있다. 따라서 일상적으로 사용할 때는 루트로 로그인하지 않는 편이 안전하다.

> 사용자 pi 계정의 권한으로는 좀처럼 시스템에 치명적인 해를 줄 수 없다. 하지만 슈퍼 사용자의 권한으로는 의도하건 그렇지 않건 시스템을 엉망으로 만들 수 있다. 따라서 sudo를 사용해서 파일을 옮기거나 삭제할 때는 특히 조심해야 한다. 물론, 문제가 생기면 언제든지 SD 카드 이미지를 새로 만들면 된다(부록 참고).

소프트웨어 등을 설치하려면 슈퍼 사용자의 권한이 필요한 경우가 많다. 이때 sudo 같은 명령을 이용하면 루트로 로그인했을 때 발생할 수 있는 잠재적인 위험(그리고 책임)을 피할 수 있다. 따라서 하드웨어와 직접 상호작용을 하거나 시스템 전반에 영향을 미치는 설정을 변경할 때는 sudo를 자주 사용하게 된다.

모든 파일은 하나의 사용자와 하나의 그룹에게 소유된다. 소유자나 그룹을 변경할 때는 chown과 chgrp 명령(Change owner와 Change group의 줄임 표현)을 사용한다. 이 작업을 하려면 루트 권한이 필요하다.

```
pi@raspberrypi ~ $ sudo chown pi garply.txt
pi@raspberrypi ~ $ sudo chgrp staff plugh.txt
```

또한 모든 파일에는 읽고(Read), 쓰고(Write), 실행(Execute)할 수 있는 권한이 부여된다. 이러한 권한은 파일의 소유자, 그룹 그리고 모든 사람(Everyone)에 대해 각각 다르게 설정할 수 있다(그림 2-7).

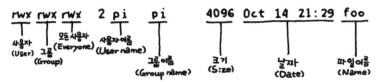

그림 2-7. 소유자, 그룹 그리고 모든 사용자에 대한 파일 권한

권한을 설정할 때는 chmod 명령(Change mode)을 사용한다. chmod 와 함께 사용하는 스위치는 표 2-2에 정리되어 있다.

표 2-2. chmod와 함께 사용하는 스위치

u	사용자(User)
g	그룹(Group)
o	그룹에 속하지 않은 사용자들(Others)
a	모든 사람(All/everyone)
r	읽기(Read) 권한
w	쓰기(Write) 권한
x	실행(Execute) 권한
+	권한 추가
-	권한 제거

스위치를 조합하는 방법은 아래의 예제를 참고한다.

```
pi@raspberrypi ~ $ chmod u+rwx,g-rwx,o-rwx wibble.txt ❶
pi@raspberrypi ~ $ chmod g+wx wobble.txt ❷
pi@raspberrypi ~ $ chmod -rw,+r wubble.txt ❸
```

❶ 사용자(u)에게만 읽고, 쓰고 실행할 수 있는 권한을 부여

❷ 그룹(g)에게 읽고 쓰는 권한을 부여

❸ 모든 사용자에게 읽기 권한만 부여

다른 사용자들로부터 특정한 사용자의 공간을 보호할 수 있는 유일한

장치는 비밀번호뿐이다. 따라서 강력한 비밀번호를 사용해야 한다. 특히 라즈베리 파이가 네트워크에 연결되어 있을 때는 더욱 강력한 비밀번호가 필요하다. 비밀번호는 passwd 명령으로 수정할 수 있다.

네트워크

라즈베리 파이를 네트워크에 연결할 때 자주 사용하는 리눅스 유틸리티들이 있다. 만약 인터넷 연결에 문제가 있다면 우선 ifconfig 명령을 사용하자. 그러면 모든 네트워크 인터페이스의 내용과 인터페이스에 할당된 IP 주소를 출력해 볼 수 있다(그림 2-8).

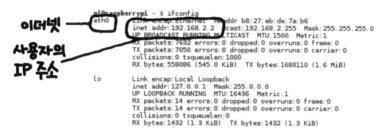

그림 2-8. ifconfig 명령을 사용하면 파이의 모든 네트워크 인터페이스에 대한 정보를 보여 준다.

ping 명령은 네트워크 접속에 문제가 있을 때 사용하는 가장 기본적인 툴 중 하나다. ping을 사용하면 (마치 수중 음파 탐지기와 같이) 네트워크나 인터넷 상의 IP 주소 두 개가 양방향으로 연결되었는지 확인할 수 있다. 다수의 웹 사이트는 ping 트래픽을 차단하고 있으므로 접속 상태를 확인하려면 여러 사이트를 대상으로 시험해 봐야 한다.

```
pi@raspberrypi ~ $ ping yahoo.com
pi@raspberrypi ~ $ ping altavista.com
pi@raspberrypi ~ $ ping lycos.com
pi@raspberrypi ~ $ ping netscape.com ❶
```

❶ 여기서는 실패한다.

다른 컴퓨터에 원격 (그리고 비밀번호를 암호화하여 보안이 적용된 상태로) 로그인하려면 보안 셸(SSH)을 이용한다. 이때 원격 컴퓨터 측은 SSH 서버를 실행하고 있는 상태여야 하는데, 라즈비안에는 이미 SSH 서버가 내장되어 있다. 30쪽 '헤드리스'에서 설명하고 있는 바와 같이 원격 로그인은 모니터나 키보드 없이 라즈베리 파이를 운용할 수 있는 매우 대단한 방법이다.

SSH와 관련된 프로그램으로 sftp가 있다. sftp는 한 컴퓨터에서 다른 컴퓨터로 파일을 안전하게 전송하는 프로그램이다. 그 외에 scp는 네트워크나 인터넷을 통해 한 컴퓨터의 파일을 다른 컴퓨터로 복사해 주는 또 다른 요긴한 도구다. 이런 툴들의 핵심적인 공통점은 보안 소켓 계층(SSL)을 사용하여 파일과 암호화된 로그인 정보를 함께 전송한다는 것이다. 이들은 모두 리눅스의 표준을 따르며 신뢰성 높은 툴이다.

2.3 /etc 디렉터리

시스템 전반에 영향을 주는 설정 파일들과 라즈베리 파이가 부팅될 때 실행되는 스크립트들은 /etc 디렉터리에 보관되어 있다. 앞서 파이를 처음 부팅할 때 환경 설정을 했는데, 이는 사실 /etc 디렉터리에 있는 각종 파일에 기록된 설정 값을 수정하는 것이었다. /etc 디렉터리에 있는 파일들을 편집하려면 sudo로 슈퍼 사용자 권한을 획득해야 한다. 앞으로 환경 설정 파일을 수정하는 예제가 나오면 sudo 권한으로 텍스트 편집기를 실행하여 수정한다.

```
pi@raspberrypi ~ $ sudo nano /etc/hosts
```

2.4 날짜와 시간 설정하기

노트북이나 데스크톱에는 현재의 시간과 날짜를 저장할 수 있는 추가적인 하드웨어와 백업용 건전지(보통 동전 모양의 코인 타입)가 내장되어 있다. 하지만 라즈베리 파이에는 그런 장치가 없다. 대신 라즈베리 파이는 네트워크에 연결됐을 때 네트워크 타임 프로토콜(NTP) 서버와 시간과 날짜를 자동으로 동기화한다.

응용 프로그램에 따라서는 시간을 정확하게 관리하는 것이 매우 중요할 수도 있다(cron으로 전등을 제어하는 8장의 예제를 참고한다). 수동으로 시간과 날짜를 설정하려면 date 프로그램을 사용한다.

```
pi@raspberrypi ~ $ sudo date --set="Sun Nov 18 1:55:16 EDT 2012"
```

인터넷의 NTP 서버를 통해 자동으로 시간이 동기화되는 경우라도 표준 시간대를 변경해야 할 때가 있다. 이 경우 raspi-config 유틸리티를 실행하고 'Internationalisation Options'에 있는 'Change Timezone'을 수정한다(22쪽의 '부팅하기' 참고).

2.5 새로운 소프트웨어 설치하기

리눅스의 소프트웨어 패키지 관리 분야는 다른 운영체제에 비해 월등하게 우수하다. 리눅스에서는 패키지 관리자가 소프트웨어의 다운로드와 설치를 담당한다. 뿐만 아니라 패키지 관리자는 설치와 관련된 부수적인 파일들도 자동으로 다운로드 하여 처리한다. 한편, 대부분의 리눅스 소프트웨어는 모듈식으로 구성되어 있기 때문에 하나의 소프트웨어가 다른 소프트웨어의 모듈에 의존하는 경향이 크다. 패키지 관리자는 이러한 의존 관계를 잘 정리해 주며, 툴의 신뢰성이 매우 높은 편이다.

라즈비안 배포판에는 최소한의 소프트웨어만 설치되어 있다. 따라서 라즈베리 파이를 사용하다 보면 새로운 프로그램을 다운로드 하여 설치해야 할 상황이 생기기 마련이다. 명령어를 입력해서 소프트웨어를 설치하는 방식이 가장 유연하고 빠르기 때문에 이 책에서는 소프트웨어를 설치할 때 모두 명령어 인터페이스를 사용한다.

소프트웨어를 다운로드 하려면 apt-get 프로그램에 install 옵션을 추가한다. apt-get을 실행하면 설치에 필요한 부수적인 소프트웨어나 라이브러리도 함께 다운 받기 때문에 사용자가 인터넷을 헤매고 돌아다닐 필요가 없다. 소프트웨어를 설치할 때는 슈퍼 사용자 권한이 필요하므로 언제나 sudo를 사용한다. 아래의 예제를 실행하면 텍스트 편집기인 Emacs가 설치된다.

```
pi@raspberrypi ~ $ sudo apt-get install emacs
```

> ✎ **스크린샷 찍기**
>
> 이 책을 집필하면서 가장 먼저 해결해야 했던 일들 중 하나는 바로 파이에서 스크린샷을 찍는 것이었다. 이 문제는 scrot(SCReenshOT)라는 프로그램으로 해결했다. Gimp(GNU Image Manipulation Program)나 ImageMagick도 사용해 봤지만 책을 쓸 때는 scrot이 더 적합했다. scrot을 설치하려면 아래와 같이 입력한다.
>
> ```
> pi@raspberry ~ $ sudo apt-get install scrot
> ```

2.6 리눅스에서 소리 재생하기

라즈베리 파이는 소리를 재생할 수 있는 기능을 내장하고 있다. 덕분에 라즈베리 파이는 소리 효과를 재생하거나 인터넷을 통해 음악을 스트리밍하는 DIY 프로젝트에 유용하게 사용된다. 라즈비안에서 오디오 장치들을 저수준으로 제어하려면 ALSA(Advanced Linux Sound Architecture)를 사용한다. 시험을 위해 소리를 재생하는 유틸리티인 aplay로 내장된 소리 파일 하나를 재생해 보자.

```
pi@raspberrypi ~ $ aplay /usr/share/scratch/Media/Sounds/Human/PartyNoise.wav
```

HDMI 디스플레이를 사용하고 있다면 소리는 자동적으로 HDMI를 통해 재생된다. 라즈베리 파이가 아날로그 출력 잭을 통해 소리를 내도록 강제하려면 sudo raspi-config를 실행한 뒤 '8 Advanced Options → A9 Audio → 1 Force 3.5mm ('headphone') jack'을 선택한다. 환경 설정을 변경한 다음에는 재부팅하여 새로운 설정 사항이 적용되도록 하는 편이 좋다.

음량 출력을 조정하려면 alsamixer를 실행하고 위아래 화살표 키로 소리의 증폭도를 바꾼다.

보드의 오디오 잭을 사용하는 대신 USB 사운드 카드를 사용할 수도 있다. 대부분의 USB 오디오 장치들은 오디오 입력 기능도 갖추고 있어서 라즈베리 파이를 오디오 녹음 장치로 사용할 수도 있다.

USB 오디오 장치를 사용하려면 ALSA의 환경 설정을 수정해야 한다.

```
pi@raspberrypi ~ $ sudo nano /etc/modprobe.d/alsa-base.conf
```

파일에서 아래와 같은 행을 찾는다.

```
options snd-usb-audio index=-2
```

그리고 아래와 같이 수정한다.

```
options snd-usb-audio index=0
```

파일을 저장하고 라즈베리 파이를 재부팅하면 라즈베리 파이가 USB 오디오 장치를 기본으로 사용할 수 있게 된다.

2.7 펌웨어 업그레이드

라즈베리 파이의 일부 펌웨어는 SD 카드에 저장되어 있다. 이 안에는 부팅 프로세스가 운영체제로 넘겨지기 전에 실행되어야 할 저수준의 실행 지침들도 많이 포함되어 있다.

일반적으로 필요한 절차는 아니지만, 만약 파이가 무엇인가 오작동을 일으키고 있다면 SD 카드의 펌웨어를 업데이트하는 것도 해결 방법이 될 수 있다. 라즈베리 파이가 인터넷에 연결되어 있다면 펌웨어를 업데이트하는 일은 어렵지 않다.

```
pi@raspberrypi ~ $  sudo rpi-update
```

깃허브(GitHub)에 있는 라즈베리 파이 펌웨어 저장소[2]를 방문하면 유틸리티를 실행했을 때 업데이트되는 내역에 대한 최신 소식을 확인할 수 있다.

현재 사용하고 있는 라즈베리 파이의 펌웨어 버전을 확인하려면 vcgencmd version 명령을 실행한다.

```
pi@raspberrypi ~ $  vcgencmd version
Aug 1 2014 18:08:57
Copyright (c) 2012 Broadcom
version 158db03216ab9f49243655d4d325da3264567104 (tainted) (release)
```

---

2 https://github.com/raspberrypi/firmware

2.8 더 알아보기

리눅스에 대해서는 아직 배울 것이 많이 남아 있고 배울 수 있는 곳도 많이 있다. 그중 몇몇 책과 사이트를 소개한다.

『Linux Pocket Guide』

리눅스 관련 내용을 찾아보기 편한 책이다.

『Linux in a Nutshell』

리눅스를 자세하게 다루고 있으며, 빠르게 볼 수 있는 참고용 책이다.

데비안 위키

라즈비안은 데비안에 기반한다. 따라서 데비안 위키에 있는 많은 정보들은 라즈비안에도 유익하다. (http://wiki.debian.org/FrontPage)

The Jargon File

여기에 수록된 수많은 정의와 이야기는 유닉스/리눅스의 하위 문화를 이해하는 데 매우 중요한 자료들이다. 『New Hacker's Dictionary』라는 책으로도 출간되어 있다. (http://catb.org/jargon/)

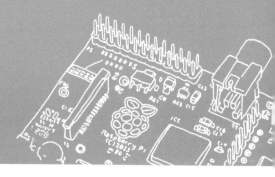

3
특화된 배포판들

라즈비안은 일반적인 컴퓨팅 용도에 최적화된 운영체제다. 그런데 경우에 따라서는 라즈베리 파이를 독립형 미디어 센터나 기타의 이펙트 페달처럼 특수한 용도로 사용하고 싶을 때도 있고, 그에 걸맞게 운영체제를 다듬고 싶을 때도 있을 것이다. 리눅스 생태계는 모든 상상 가능한 상황에 응용할 수 있을 만큼 풍요로운 소프트웨어를 갖추고 있다. 그리고 이미 몇몇 사람들이 수고를 아끼지 않고 적합한 소프트웨어들을 모아서 묶음으로 만들어 둔 덕분에 사용자가 일일이 소프트웨어를 찾으러 다니지 않아도 된다. 이 장에서는 특화된 배포판 일부를 소개한다.

'배포판'은 일반적으로 아래 세 가지 소프트웨어가 함께 묶인 형태를 의미한다.

· 리눅스 커널과 드라이버
· 특정한 용도에 맞게 사전에 설치된 소프트웨어
· 특수한 환경 설정 툴 또는 특정한 작업(가령, 부팅할 때 특정한 프로그램이 자동 실행되는 것)을 수행할 수 있도록 사전에 설정된 툴

1장에서 보았듯이, 재단이 배포하고 있는 핵심적인 범용 배포판 종류는 모두 세 가지다(NOOBS의 설치 옵션에 포함된 배포판 기준).

라즈비안

재단에서 초보자용으로 권장하고 있는 배포판이며 데비안에 기반하고 있다. 라즈베리 파이 2와 파이 1 보드에 모두 설치할 수 있다. (http://raspbian.org)

아키 리눅스

아키 리눅스는 ARM 기반의 컴퓨터에 특화되어 있다. 따라서 라즈베리 파이도 초반부터 지원했다. 재단의 홈페이지에는 등록되어 있지 않지만 NOOBS에서 네트워크 설치가 가능하며, NOOBS에 포함된 버전은 현재 라즈베리 파이 1 보드만 지원한다. 아키 리눅스 홈페이지를 방문하면 라즈베리 파이 2 보드에 설치하는 방법[1]을 참고할 수 있다. (https://www.archlinux.org)

파이도라

파이도라는 페도라 배포판을 라즈베리 파이에 적합하게 수정한 것이다. 현재 NOOBS에서 네트워크 설치가 가능하며 라즈베리 파이 1 보드만 지원한다. (http://pidora.ca)

이 장의 나머지 부분에서 또 다른 흥미로운 배포판들을 살펴보자.

> ### 우분투는 설치할 수 없나?
>
> 우분투(Ubuntu)는 리눅스 배포판 중에서도 가장 대중적이며,(이견이 있을 수는 있지만) 가장 매끈하다. 그런데 왜 구형 라즈베리 파이의 운영체제로 채택되지 않

---

1 http://archlinuxarm.org/platforms/armv7/broadcom/raspberry-pi-2

앗을까? 처음에는 우분투 기반의 운영체제를 만들고자 했으나 우분투가 ARMv7 이상의 프로세서만 지원하여 ARMv6 코어를 사용하는 라즈베리 파이 1에서는 사용하기가 어려웠다. 하지만 새로 출시된 라즈베리 파이 2는 ARMv7 프로세서를 장착하고 있으므로, 재단 홈페이지에 링크된 스냅피 우분투 코어(Snappy Ubuntu Core)나 우분투 메이트(Ubuntu MATE) 등을 설치할 수 있다.

3.1 홈시어터용 배포판들

홈시어터 분야에서 가장 인기 있는 프로그램은 XBMC(XBox Media Center)다. 이름에서도 알 수 있듯이, XBMC는 Xbox용 미디어 센터를 개발하는 프로젝트였다. 하지만 시간이 흐르며 XBMC는 광범위하게 사용할 수 있는 엔터테인먼트 센터 플랫폼으로 변모했으며, 파이에서도 잘 작동한다는 사실이 확인되었다. 2014년 여름, XBMC 재단은 이 소프트웨어의 이름을 Kodi로 바꾸면서 프로젝트의 진화 방향에 대해 세간의 관심을 불러 모았다. 새로운 버전의 XBox에서는 더 이상 실행되지도 않기 때문이다. 다음 두 개의 파이 배포판을 사용하면 거실에 XBMC 기반의 홈시어터를 수월하게 구축할 수 있다.

OSMC

OSMC(Open Source Media Center)는 Kodi 프로젝트 기반의 미디어 플레이어이며 무료로 배포되고 있다. OSMC의 전신인 Raspbmc는 2015년 2월 업데이트를 끝으로 프로젝트가 종료되었지만, 덕분에 수많은 사용자가 XBMC를 라즈베리 파이에서 구동할 수 있었다. Raspbmc의 뒤를 이은 OSMC는 NOOBS에 옵션으로 포함되어 있어서 설치하기 쉽고 라즈베리 파이의 모든 버전을 지원한다. (https://osmc.tv/)

그림 3-1. 독립형 미디어 센터용 XBMC/Kodi

OpenELEC

오픈 소스 임베디드 리눅스 엔터테인먼트 센터(Open Embedded Linux Entertainment Center)는 XBMC를 가볍게 만든 버전으로, 간결한 라즈베리 파이를 선호하는 사용자들에게 인기가 높다. OSMC와 마찬가지로 NOOBS의 옵션에 포함되어 있어서 설치가 쉬우며, 파이 1과 파이 2를 모두 지원한다.

3.2 음악용 배포판들

라즈베리 파이는 가격이 쌀뿐만 아니라 기타의 기타 이펙터 박스에도 쏙 들어가기 때문에 전자 음악계는 파이가 출시되자마자 큰 흥분에 휩싸였다. 관련 배포판들은 다음과 같다.

새틀라이트 CCRMA

이 배포판은 스탠퍼드 대학교의 컴퓨터 음악 및 음향 연구소(Center for Computer Research in Music and Acoustics, CCRMA)에서 제공하고 있으며 이펙트 페달은 물론 임베디드 악기들과 예술적인 설치 작품까지 염두에 두고 있다. 다른 소프트웨어도 실행할 수 있지만, 핵심 소프트웨어는 Pure Data Extended, Faust, JackTrip, 그리고 ChucK이다. 에드가 베어달(Edgar Berdahl)과 웬디 주(Wendy Ju)의 논문 「Satellite CCRMA: A Musical Interaction and Sound Synthesis Platform」[2]에 배포판의 이론적 근거가 잘 기술되어 있다. 현재 라즈베리 파이 1 모델 B와 B+를 지원한다. (https://ccrma.stanford.edu/~eberdahl/satellite/)

볼류미오

볼류미오(Volumio)는 오디오 애호가를 위한 음악 재생기다. 이 프로젝트의 전신은 RaspyFi다. 현재 모든 라즈베리 파이 모델을 지원한다. (http://volumio.org)

음악 연주에 관심이 있는 사용자라면 필 앗킨(Phil Atkin)의 라즈베리 파이용 신시사이저인 PIANA를 살펴보는 것도 좋을 것이다.[3]

3.3 옥시덴탈리스로 하드웨어 해킹하기

에이다프루트는 원래의 라즈비안/위지 리눅스 배포판에 몇 가지 드라이버와 소프트웨어를 추가하여 전자 장치 프로토타입을 수월하게 제작할 수 있는 파생된 배포판을 만들었다. 이 배포판의 정식 명칭은 에

---

2 http://wendyju.com/publications/satellite_ccrma.pdf
3 http://raspberrypisynthesizer.blogspot.kr

이다프루트 라즈베리 파이 교육용 리눅스 배포판(Adafruit Raspberry Pi Educational Linux Distro)이지만, 검은나무딸기라는 품종명에서 따온 코드명 옥시덴탈리스(Occidentalis)로도 자주 불린다.

옥시덴탈리스는 여러 배포판 중에서도 흥미롭다. 리눅스 생태계는 오랜 역사를 통해 특정한 용도에 부합하도록 최적화된 다양한 파생 배포판들을 선보여 왔다. 이러한 파생 배포판들은 성능 실험장의 역할을 했으며, 개선 과정을 거쳐 다시 다른 배포판에 녹아들었다.

에이다프루트의 배포판에 포함된 다수의 소프트웨어들과 개선 사항들은 사용자가 추가적인 소프트웨어를 설치하지 않고도 대중적인 센서나 일부 에이다프루트 제품들을 사용할 수 있도록 만드는 데 중점을 두고 있다. 또한 라즈베리 파이에서 더 쉽게 PWM을 실행하고 서브 모터도 직접 제어할 수 있도록 수정되었다.

에이다프루트는 안내 페이지[4]를 통해 옥시덴탈리스의 특징과 사용 방법 예제[5]를 제공하고 있다.

3.4 복고풍 컴퓨팅과 복고풍 게임

라즈베리 파이는 1980년대의 저가 개인용 컴퓨터에서 영감을 받았다. 따라서 향수를 불러일으키는 복고풍의 컴퓨터나 게임 구동을 목표로 하는 배포판이 다수 등장하는 게 이상하게 느껴지지 않는다.

RISC OS
베이직(BASIC) 환경으로 바로 부팅된다. (https://www.riscosopen.org/content/)

---

4   https://learn.adafruit.com/adafruit-raspberry-pi-educational-linux-distro
5   https://learn.adafruit.com/category/raspberry-pi

플랜 9

벨 연구소가 내놓은 Unix의 실험적인 후속작으로, 사랑스러운 토끼 모양의 운영체제 마스코트 글렌다(Glenda the Plan 9 Bunny)가 특징이다. (http://plan9.bell-labs.com/wiki/plan9/download/)

코모도어 64

1980년대에 출시된 가정용 컴퓨터인 코모도어 64의 에뮬레이터로 부팅한다. (http://www.commodorepi.co.nr)

레트로파이

복고풍 게임 콘솔을 쉽게 만들 수 있도록 개발된 SD 카드 이미지와 GPIO 하드웨어 보드다. (http://blog.petrockblock.com/retropie/)

파이플래이

MAME(구 PiMAME)에 기반하여 게임 및 에뮬레이션용으로 사전 개발된 배포판이다. (http://pimame.org)

3.5 다른 유용한 배포판들

기타 주목할 만한 배포판들은 아래와 같다.

Qt on Pi

Qt GUI 프레임워크로, 독립 실행형 '단일 목적 기기'를 개발하는 개발자들을 대상으로 하는 운영체제 번들이다. (http://qt-project.org/wiki/qt-raspberrypi)

웹 키오스크

인터넷 키오스크와 디지털 광고판 제작용 배포판이다. (http://www.
binaryemotions.com)

Openwrt

파이를 강력한 라우터로 만들어 주는 오픈 소스 라우터 플랫폼이다.
(http://wiki.openwrt.org/toh/raspberry_pi)

3.6 더 알아보기

라즈베리 파이에서 사용할 수 있는 리눅스 배포판 목록

라즈베리 파이 허브에 잘 정리된 배포판 목록이다. (http://elinux.
org/RPi_Distributions)

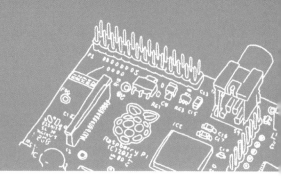

4

파이와 파이썬

파이썬은 프로그래밍을 처음 배우는 사람들에게 매우 적합한 입문용 언어다. 명확할 뿐만 아니라 배우기도 쉽고, 전세계에서 수많은 사람들이 사용하고 있기 때문에 코드를 공유하거나 질문을 하기도 좋다.

파이썬은 귀도 반 로섬(Guido van Rossum)이 만든 언어다. 그리고 만든 지 얼마 지나지 않아 파이썬은 컴퓨팅의 제1 언어로 확고하게 자리를 잡았다. 1999년, 반 로섬은 「모두를 위한 컴퓨터 프로그래밍(Computer Programming for Everybody)」이라는 유명한 제안서를 발표했다. 그는 이 제안서에서 초중등 학생들에게 파이썬으로 프로그래밍을 교육하자는 야심만만한 비전을 제시했다. 그 후 10여 년이 더 흐른 지금, 라즈베리 파이의 등장과 함께 그의 제안은 마침내 실현되고 있는 듯하다.

파이썬은 해석형 언어(Interpreted language)다. 즉, 사용자가 작성한 프로그램이나 스크립트가 기계 코드로 컴파일되는 과정 없이 바로 실행된다. 해석형 언어를 사용하면 프로그램을 더 빠르게 작성할 수 있으며, 그 외에도 몇 가지 부수적인 혜택을 누릴 수 있다. 가령, 파이썬에서는 변수의 데이터 유형을 숫자, 배열 또는 문자열로 선언할 필요가 없다. 스크립트를 실행하면 인터프리터(Interpreter)[1]가 데이터 유형을 자동으로 판단해서 적절하게 처리해 주기 때문이다.

파이썬의 인터프리터는 두 가지 방식으로 스크립트를 실행할 수 있다. 하나는 대화형 셸 방식으로, 사용자가 입력하는 개별 명령을 한 줄씩 실행한다. 다른 하나는 명령어 인터페이스에서 구동되는 프로그램 방식으로, 사용자가 작성해 둔 독립 실행형 스크립트 파일을 명령어로 실행한다. 라즈베리 파이에 파이썬과 함께 포함된 통합 개발 환경(IDE)은 IDLE(Integrated DeveLopment Environment)이라고 부른다.

파이썬의 버전 문제

라즈베리 파이에는 IDLE이 두 개나 있다. 서로 다른 버전의 파이썬이 두 개나 설치되어 있기 때문이다. 두 버전의 파이썬이 설치되어 있는 것은 그다지 드문 경우는 아니지만 혼란스러운 게 사실이다. 이 책을 집필하고 있는 시점(2014.10)에서, 파이썬 최신 버전은 파이썬 3다. 그런데 파이썬 버전 2에서 버전 3로 언어가 바뀌면서 이전 버전과 일부 호환되지 않게 되었다. 파이썬 3가 세상에 나온 지도 벌써 몇 년이나 흘렀지만, 대중적인 수용은 더디게 진행되고 있다. 또한 파이썬 2용으로 사용자들이 배포한 패키지들도 아직 파이썬 3용으로 모두 업그레이드되지 않았다. 파이썬 문서를 검색할 때는 이러한 혼란이 더욱 커질 수 있으니 버전에 맞는 문서를 보고 있는지 꼼꼼히 확인하도록 하자.

별도의 언급이 없는 한, 이 책의 예제들은 파이썬 2.7과 3.X 모두에서 사용할 수 있다.

---

1   (옮긴이) 인터프리터란, 프로그래밍 언어로 만들어진 프로그램을 기계어로 변환하는 프로그램을 말한다.

그림 4-1. 라즈비안 데스크톱 메뉴의 파이썬 옵션들. 파이썬 2용 IDLE과 파이썬 3용 IDLE 그리고
inventwithpython.com에서 Pygame으로 구현한 샘플 게임 바로가기 아이콘이 보인다.

4.1 안녕, 파이썬!

파이썬을 배우는 가장 좋은 방법은 바로 무작정 파이썬의 세계로 뛰어
드는 것이다. 파이썬 스크립트를 작성할 때는 아무 텍스트 편집기나
사용해도 상관없다. 하지만 이 책에서는 먼저 IDE을 사용하여 파이썬
스크립트를 작성하는 방법을 알아본다. 우선 IDLE 3을 실행해 보자.
IDLE을 실행하려면 데스크톱 메뉴에서 'Programming → Python 3'를
클릭한다.

　IDLE이 실행되려면 몇 초 정도 걸린다. IDLE이 열리면 창에 대화형
셸이 나타난다. 삼중 왼쪽 홑화살괄호(>>>)는 대화형 프롬프트다. 프롬

프트가 보인다는 것은 인터프리터가 사용자의 명령을 기다리고 있다는 뜻이다. 프롬프트에 아래의 명령을 입력해 보자.

```
>>> print("Saluton Mondo!")
```

명령을 입력한 다음 엔터 키나 리턴 키를 친다. 그러면 사용자가 입력한 구문을 실행한 결과가 셸 창에 나타난다. print() 명령은 파이썬 3에서 변경된 부분 중 하나다. 만약 구문 에러가 발생한다면 현재 IDLE 3.X 버전에서 작업하고 있는 게 맞는지 확인한다.

셸을 사용하면 마치 계산기처럼 구문의 연산식을 테스트하거나 간단한 계산 결과를 산출할 수도 있다.

```
>>> 3+4+5
12
```

대화형 셸에서 실행되는 구문은 한 번에 한 줄씩 실행되는 프로그램 코드라고 생각해도 무방하다. 아래와 같이 한 줄 한 줄 실행하여 변수를 설정하거나 모듈을 불러올 수도 있다.

```
>>> import math
>>> (1 + math.sqrt(5)) / 2
1.618033988749895
```

import math 명령을 사용하면 현재 작성 중인 프로그램에서 파이썬의 모든 수학 관련 함수들을 호출할 수 있게 된다(모듈에 대해서는 78쪽의 '객체와 모듈'에서 자세하게 다룬다). 변수를 설정할 때는 할당 연산자(=)를 사용한다.

```
>>> import math
>>> radius = 20
>>> radius * 2 * math.pi
1256.6370614359173
```

모든 변수를 메모리에서 지우고 셸을 새롭게 시작하려면 'Shell →
Restart Shell'을 선택하여 셸을 초기 상태로 다시 시작한다. 한편, 특정
구문이나 모듈 또는 다른 파이썬 관련 항목에 대한 정보를 보고 싶다
면 대화형 셸에서 help() 명령을 사용한다.

```
>>> help("print")
```

주제나 키워드 또는 모듈의 목록을 모두 출력하려면 아래와 같이 입력
한다.

```
>>> help("topics")
>>> help("keywords")
>>> help("modules")
```

파이썬의 대화형 셸은 짧은 구문이나 간단한 연산 결과를 확인할 때 사
용하면 매우 편리하다. 하지만, 종종 파이썬 스크립트를 하나의 독립
실행형 응용프로그램처럼 사용하고 싶을 때도 있다. 새로운 파이썬 응
용프로그램을 작성하려면 'File → New Window'를 선택한다. 그러면
새로운 스크립트 편집 창이 열린다(그림 4-2).

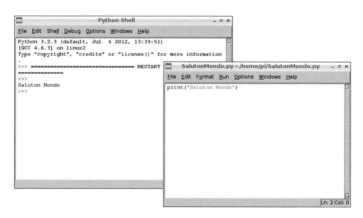

그림 4-2. IDLE 대화형 셸(왼쪽)과 편집기 창(오른쪽)

그림에 보이는 것처럼 코드를 한 줄 작성한 다음 'Run → Run Module'을 실행하자. 그러면 "Source Must Be Saved. OK To Save?"라는 경고가 뜬다. 코드를 실행하려면 먼저 스크립트 파일부터 저장해야 한다. SalutonMondo.py라는 이름으로 스크립트를 홈 디렉터리에 저장하자. 그러면 셸 창에서 스크립트가 실행되는 것을 확인할 수 있다. 때로는 IDLE 이외의 환경에서 스크립트를 실행해야 할 때도 있다. 명령어 인터페이스에서 스크립트를 실행하려면 LXTerminal을 열고 아래와 같이 입력한다.

```
$ python SalutonMondo.py
```

지금까지 파이썬 스크립트를 작성하고 실행하는 기본적인 환경과 절차에 대해 살펴보았다. 이제부터는 언어에 대해 배워보도록 하자.

명령어 인터페이스 VS. IDLE

셸에서 코드를 실행하고 결과를 기다릴 때면 IDLE이 매우 느리게 동작한다는 느낌을 받게 된다. 얼마나 느린지 확인해 보기 위해서 IDLE과 LXTerminal의 실행 속도를 비교해 보도록 하자. 먼저 IDLE과 LXTerminal을 열고 나란히 창을 띄워둔다. 그리고 IDLE에서 스크립트를 작성하여 CountEvens.py로 저장한 뒤 터미널의 명령 행에 아래와 같이 입력한다(아직 엔터 키는 치지 않는다).

```
$ python CountEvens.py
```

IDLE이 조금 유리하도록 Run Module을 클릭하여 IDLE에서 스크립트가 먼저 실행되도록 한다. 그리고 이어서 터미널에 입력해 둔 명령을 실행해 보자. 파이의 제한된 자원 내에서 IDLE을 사용하면 얼마나 많은 부담이 걸리는지 확인할 수 있을 것이다. 앞으로 이 책에 나오는 예제들은 모두 명령어 인터페이스에서 실행한다. 하지만 원한다면 IDLE을 사용해도 문제가 되지는 않는다.

4.2 파이썬에 대해 조금 더 알아보기

이 책을 읽고 있는 독자가 아두이노를 사용한 경험이 있다면 setup/
loop 형식으로 프로그램(아두이노에서는 스케치라고 하고 파이썬에
서는 종종 스크립트라고 한다)을 작성하는 데 익숙할 것이다. 아두이
노에서 setup()은 한 번만 실행되는 함수인데 비해 loop()는 무한 반
복해서 실행되는 함수다. 아두이노의 setup/loop와 유사한 형식을 파
이썬에서 구현하려면 아래의 예제와 같은 방법으로 코드를 작성한다.
IDLE 3 셸에서 'New Window'를 선택하고 예제 코드를 입력한다.

```
# -*- coding:utf-8 -*-
# 파이썬 스크립트에 한글 주석 등을 기입할 때는
# 첫 줄에 있는 특수한 표기를 반드시 기입해야 한다

# Setup
n = 0

# Loop
while True:
    n = n + 1
    # %는 나머지를 구하는 연산자다
    if ((n % 2) == 0):
        print(n)
```

그리고 'Run Module'을 클릭한 뒤 스크립트의 이름을 지정한다(가령,
EvenIntegers.py). 스크립트가 실행되면 짝수인 정수가 출력되는 것을
확인할 수 있다(Ctrl-C를 눌러서 출력을 멈추지 않는 한, 숫자는 영원히
출력된다).

for 구문을 사용하여 0부터 100 사이에 있는 짝수만 출력하도록 스
크립트를 수정해 보자.

```
for n in range(0, 100):
    if ((n % 2) == 0):
        print(n)
```

✎ 앞의 예제 코드에는 들여쓰기가 사용됐다. 파이썬의 들여쓰기는 스페이스 바를 네 번 누른 것이다. 탭을 누르는 것이 아니다(단, IDLE을 사용할 경우에는 탭을 누르면 네 개의 공백 문자로 변환된다). 파이썬의 들여쓰기는 구조적으로 매우 중요한 의미가 있다. 파이썬의 들여쓰기 구조는 초보자에게 상당한 장애물로 작용할 수 있고, 또한 코드를 복사해서 붙여넣는 작업을 할 때는 불편한 상황을 많이 만들어 낸다. 하지만 바로 이 의무적인 들여쓰기 구조 덕분에 파이썬은 가독성이 높은 언어로 자리잡을 수 있었다. 코드를 가독성 높게 작성하는 방법은 파이썬 스타일 가이드[2]에 잘 정리되어 있다.

화이트스페이스(Whitespace), 즉 공백 문자는 파이썬에서 매우 중요한 요소다. 파이썬은 고도로 구조화된 언어이며 이 구조는 공백에 의해 만들어진다. 다음 예제에는 loop() 함수 아래에 한 단계 들여쓰기를 한 코드들이 나온다. 이 코드들은 loop() 함수에 포함되는 하나의 블록으로 간주된다. loop() 함수의 범위는 다음에 한 단계 이상의 내어쓰기 코드가 나올 때까지(또는 파일의 마지막에 도달할 때까지)다. 이는 C 언어처럼 괄호나 다른 모종의 표시로 코드의 블록을 한정하는 방식과는 크게 구별되는 파이썬만의 특징이다.

함수로 코드들을 묶어 블록을 만들어 두면 스크립트 어느 곳에서나 해당 코드 블록을 호출할 수 있다. 앞의 예제를 다음과 같이 고쳐 써서 코드를 함수 블록으로 묶을 수 있도록 바꾸자(수정한 코드를 실행하기 전에 CountEvens.py로 저장한다).

```
# -*- coding:utf-8 -*-
# 전역 변수를 선언한다
n = 0 ❶
```

---

2 https://www.python.org/dev/peps/pep-0008/#indentation

```
# 함수를 정의한다
def setup(): ❷
    global n
    n = 100

def loop(): ❸
    global n
    n = n + 1
    if ((n % 2) == 0):
        print(n)

# 메인 ❹
setup()
while True:
    loop()
```

이 예제는 102부터 시작하는 모든 짝수를 출력한다. 스크립트가 작동하는 방식은 다음과 같다.

❶ 먼저, 변수 n을 전역 변수로 정의해서 스크립트의 어떤 블록에서나 사용할 수 있도록 한다.

❷ setup() 함수를 정의한다(하지만 아직 실행되지는 않는다).

❸ 유사한 방식으로 loop() 함수를 정의한다.

❹ 메인 코드 블록에서는 setup() 함수를 한 번 호출하고, loop() 함수를 반복적으로 호출한다.

두 함수는 모두 첫 번째 행에서 global이라는 키워드를 사용하고 있다. 인터프리터가 이 키워드를 만나면 함수 안에서만 사용할 수 있는 지역(local 또는 private) 변수 n을 새로 만드는 대신 앞서 정의한 전역 변수 n을 함수 내에서 사용할 수 있도록 해준다.

이 정도의 설명만으로는 파이썬을 충분히 이해하기 어려울 것이다. 파이썬 언어를 본격적으로 배우려는 독자들은 오라일리에서 출간된 『Think Python』과 『Python Pocket Reference』를 참고하자. 이 장의 나머지 부분은 앞으로 다룰 파이썬 예제들을 이해하고 실행하는 데 도움이 될만한 내용 위주로 설명했고, 프로젝트를 진행하는 데 유용한 모듈과 특성을 소개하는 데 할애했다. 5장에서는 파이썬 라이브러리 중 PyGame 모듈을 별도로 다루는데, 이 모듈은 라즈베리 파이에서 실행되는 멀티미디어 프로그램을 작성할 때 특히 유용한 프레임워크다.

4.3 객체와 모듈

이 책의 수많은 파이썬 예제들을 끝까지 다 이해하려면 먼저 객체와 모듈을 다루는 기본적인 문법을 충분히 숙지할 필요가 있다. 파이썬은 예약어(표 4-1)가 단지 34개에 불과한, 매우 간결한 언어다. 언어의 핵심을 차지하는 이 예약어들은 스크립트가 작동하는 흐름에 구조를 만들고, 제어할 수 있게 해준다. 파이썬에서는 예약어 외 나머지 대부분의 것들을 객체라고 간주해도 무방하다. 객체란 자신의 내부에 데이터와 행동 양식을 갖춘 코드 덩어리로, 저마다 고유한 이름을 갖고 있다. 사용자는 객체의 데이터를 변경하거나 객체에서 정보를 갖고 올 수도 있으며 심지어는 다른 객체를 조종하게 만들 수도 있다.

표 4-1. 파이썬에는 단지 34개의 예약어(키워드)만 있다

조건	반복	내장 함수	클래스, 모듈, 함수	에러 처리
if	for	print	class	try
else	in	pass	def	def
elif	while	del	global	finally
not	break		break	raise
or	as		nonlocal	assert
and	continue		yield	with
is			import	
True			return	
False			from	
None				

파이썬은 문자열, 리스트, 함수, 모듈 그리고 심지어는 숫자까지 모두 객체로 취급한다. 파이썬의 객체는 속성과 메서드를 안에 담고 있는 하나의 캡슐로 비유할 수 있다. 이 캡슐(객체) 안의 속성과 메서드에 접근하려면 점(dot) 문법을 사용한다. 가령, 대화형 셀 프롬프트에서 아래예제의 첫 번째 줄을 입력하면 문자열 객체를 만들 수 있다. 문자열 객체의 첫 글자, 즉 q 글자를 대문자로 바꾸려면 두 번째 줄과 같이 객체에 내장되어 있는 capitalize() 메서드를 점 구문으로 호출하면 된다.

```
>>> myString = "quux"
>>> myString.capitalize()
'Quux'
```

그리고 리스트의 reverse() 메서드를 사용하면 요소들의 순서를 거꾸로 배치할 수 있다.

```
>>> myList = ['a', 'man', 'a', 'plan', 'a', 'canal']
>>> myList.reverse()
>>> print(myList)
['canal', 'a', 'plan', 'a', 'man', 'a']
```

> ✎ 문자열과 리스트는 모두 표준 라이브러리에 내장된 모듈이며, 어떤 버전의 파이썬 프로그램에서도 사용할 수 있다. 문자열과 리스트 모듈은 각각 자신의 내부에 문자열이나 리스트를 다루는 함수를 많이 내장하고 있다. capitalize()와 reverse()도 모듈에 내장된 함수 중 하나다.

한편, 표준 라이브러리 모듈 중 내장되어 있지 않은 것도 있다. 덕분에 이러한 모듈을 사용하려면 import 명령어로 특정 모듈을 사용하겠다는 의사를 명시적으로 밝혀야 한다. 표준 라이브러리의 time 모듈은 시간이나 타임스탬프와 관련된 유용한 함수들을 제공하지만 이 모듈을 사용하려면 아래와 같이 입력해야 한다.

```
import time
```

사용자의 프로그램에 모듈을 불러올 때, 모듈의 이름 A를 B로 고쳐서
불러오려면 import A as B 명령을 사용한다.

```
import time as myTime
```

만약 모듈 A의 함수 C만 필요하다면 from A import C 명령을 사용한다.

```
from time import clock
```

아래의 예제는 1초마다 현재 시간을 출력하는 간단한 파이썬 스크립
트다. 이 기능을 구현하기 위해 표준 라이브러리의 time과 datetime 모
듈을 사용했다.

```
from datetime import datetime
from time import sleep
while True:
    now = str(datetime.now())
    print(now)
    sleep(1)
```

sleep() 함수 때문에 이 프로그램은 1초에 한 번 현재 시간을 출력한
다. 하지만 이 코드를 실행해 보면 매번 시간이 출력될 때마다 조금씩
시간차가 벌어진다는 사실을 알 수 있을 것이다.

이렇게 되는 이유는 두 가지다.

· 현재의 시간을 계산하는 데 소요되는 시간이 코드에 반영되지 않았
다(sleep() 함수의 매개변수를 0.9초로 바꾸면 조금 더 개선될 수도
있다).

· 다른 프로세스와 CPU를 공유하고 있어서 사용자가 작성한 프로그램이 실행되려면 몇 사이클이나 차례를 기다려야 할 수도 있다. 프로그램을 작성할 때는 이 점을 고려해야 한다. 라즈베리 파이에서 프로그래밍할 때는 실시간으로 실행되는 환경을 기대할 수 없다는 사실을 잊지 말자.

라즈베리 파이의 작동 환경에서 sleep() 함수의 정확도는 5밀리초(ms), 즉 0.005초 단위 이상인 경우만 보장된다.

이번에는 앞의 예제를 수정해서 데이터를 텍스트 파일에 주기적으로 기록하는 스크립트를 만들어 보자. 텍스트 파일을 다룰 때는 모든 것을 문자열로 취급해야 한다. 숫자를 문자열로 변환할 때는 str() 함수를 사용한다(반대로 문자열을 정수로 변환할 때는 int() 함수를 사용한다).

```
# -*- coding:utf-8 -*-
from datetime import datetime
from time import sleep
import random

log = open("log.txt", "w")

for i in range(5):
    now = str(datetime.now())
    # 0-1024 사이의 임의의 숫자를 data 변수에 할당한다
    data = random.randint(0, 1024)
    log.write(now + " " + str(data) + "\n")
    print(".")
    sleep(.9)
log.flush()
log.close()
```

> 🖉 실전(현장)에서 사용할 데이터 기록용 응용프로그램을 만들 때는 라즈베리 파이의 날짜와 시간이 정확하게 설정되어 있는지 다시 한번 확인하자. 날짜와 시간 설정에 대해서는 1장을 참조한다.

다음은 명령어 인터페이스를 통해 텍스트 파일의 이름을 스크립트로 전달하는 예제(ReadFile.py)다. 이 파이썬 파일을 실행하려면 명령어 인터페이스에서 python3 ReadFile.py log.txt라고 입력한다. 이때 log. txt는 ReadFile.py에게 전달되는 매개변수다. 이 프로그램은 매개변수로 이름을 전달 받은 파일(log.txt)을 열고 모든 내용을 리스트로 읽은 뒤 출력한다. 여기서 print()는 다른 언어의 println()처럼 출력할 때마다 줄바꿈 문자가 붙는다. 따라서 print() 함수에 end 인수를 추가하여 줄바꿈 문자가 출력되지 않도록 한다.

```
# -*- coding:utf-8 -*-
# 명령어 인터페이스로 텍스트 파일의 이름을 매개변수로 전달한다.
import sys

if (len(sys.argv) != 2):
    print("Usage: python ReadFile.py filename")
    sys.exit()

scriptname = sys.argv[0]
filename = sys.argv[1]
file = open(filename, "r")
lines = file.readlines()
file.close()

for line in lines:
    print(line, end = '')
```

4.4 유용한 추가 모듈들

수많은 파이썬 사용자들이 표준 라이브러리 기반의 모듈을 제작하여 배포하고 있다. 이는 파이썬이 대중적인 인기를 누리고 있는 중요한 근간이기도 하다. 파이썬 패키지(또는 모듈) 목록은 PyPI(Python Package Index)[3]라고 하며 관련 정보를 얻거나 필요한 모듈을 다운로드 할 수 있다. 그중 인기 있고 라즈베리 파이에도 유용한 모듈들을 표

---

3 https://pypi.python.org/pypi

4-2에 정리했다. 이 책에도 표에 나와 있는 일부 모듈을 사용하는 예제들이 수록되어 있으며 특히 라즈베리 파이의 범용 입출력 핀을 다룰 때는 GPIO 모듈을 사용한다.

표 4-2. 파이 사용자들에게 특히 유용한 파이썬 패키지들

모듈	설명	URL	패키지 이름
RPi.GPIO	GPIO 핀 제어	sourceforge.net/projects/raspberry-gpio-python	python-rpi.gpio
Pygame	게임 제작 프레임워크	pygame.org	python-pygame
SimpleCV	사용하기 쉬운 컴퓨터 비전 (CV) API	simplecv.org	패키지 없음
Scipy	과학적 계산용	www.scipy.org	python-scipy
Numpy	Scipy의 수리적 기반 제공	numpy.scipy.org	python-numpy
Flask	웹 개발용 마이크로프레임워크	flask.pocoo.org	python-flask
Feedparser	Atom 및 RSS 피드 분석기	pypi.python.org/pypi/feedparser	패키지 없음
Requests	'사람을 위한 HTTP'	docs.python-requests.org	python-requests
PIL	이미지 처리용	www.pythonware.com/products/pil/	python-imaging
wxPython	GUI 프레임워크	wxpython.org	python-wxgtk2.8
PySerial	시리얼 포트 제어	pyserial.sourceforge.net	python-serial
pyUSB	FTDI-USB 인터페이스	bleyer.org/pyusb	패키지 없음

모듈을 사용하려면 코드를 다운로드 하여 패키지를 구성한 뒤 설치해야 한다. 가령, 파이썬의 시리얼 모듈을 설치한다면 아래와 같이 명령어를 입력한다.

```
$ sudo apt-get install python-serial
```

만약 패키지 제작자가 파이썬의 distutils 툴을 사용하여 표준 방식으로 모듈의 번들을 만들었다면 패키지를 다운로드 한 뒤 압축을 풀고, 명령어 인터페이스에서 압축을 푼 폴더로 이동한 뒤 아래와 같이 입력한다.

```
$ python setup.py install
```

pip를 이용하여 모듈을 쉽게 설치하기

많은 모듈은 apt-get 명령으로 설치할 수 있다. 하지만 pip 패키지 설치자 (https://pip.pypa.io/en/latest/)를 사용하면 PyPI에 있는 패키지들을 더 쉽게 설치할 수 있다. 먼저 apt-get으로 pip를 설치한다.

```
$ sudo apt-get install python-pip
```

그러면 pip로 대부분의 모듈을 설치할 수 있으며 관련 파일 다운로드 및 관리 절차를 보다 수월하게 진행할 수 있다. pip로 flask 모듈을 설치하는 방법은 아래와 같다.

```
$ pip install flask
```

이 책의 나머지 부분에서는 응용프로그램에 특화된 모듈을 광범위하게 사용할 것이다. 그 전에, 적절한 모듈을 사용했을 때의 이점을 먼저 살펴보자. Feedparser 모듈은 RSS나 Atom 피드를 잡아내고, 쉽게 내용에 접근할 수 있게 해주는 범용 분석기다. 웹에서 제공되는 정보의 흐름은 대부분 RSS 또는 Atom 형식이다. 따라서 Feedparser 모듈은 라즈베리 파이를 사물 인터넷의 세계에 연결할 수 있게 해주는 여러 방법 중 하나다.

먼저 pip로 Feedparser 모듈을 설치한다(위의 'pip를 이용하여 모듈을 쉽게 설치하기' 박스 참고).

```
$ sudo pip install feedparser
```

Feedparser 모듈을 사용하려면 parse 함수에 RSS 피드 URL을 전달하기만 하면 된다. 그러면 Feedparser 모듈이 피드의 XML을 가져와서 분석한 뒤 딕셔너리(Dictionary)라고 하는 특수한 구조의 데이터 리스트로 변환한다. 파이썬의 딕셔너리는 key/value 쌍으로 이루어진 리스트로, 종종 해시(Hash)나 연관 배열(Associative array)이라고 부르기도 한다. 피드를 분석한 결과는 딕셔너리 형식으로 반환되며, 피드에 있는 항목을 분석한 결과 또한 딕셔너리 형식으로 반환된다. 아래의 예제[4]처럼 http://weather.gov 사이트의 RSS 피드를 처리하면 미국 로드아일랜드 주에 있는 프로비던스 시(Providence, RI)의 현재 날씨를 출력할 수 있다.

```
import feedparser

feed_url = "http://w1.weather.gov/xml/current_obs/KPVD.rss"
feed = feedparser.parse(feed_url)
RSSitems = feed["items"]
for item in RSSitems:
    weather = item["title"]
    print weather
```

4.5 파이썬으로 다른 프로그램 실행하기

sys.subprocess 모듈을 사용하면 파이썬 스크립트로 파이에 설치된 다른 프로그램을 쉽게 실행시킬 수 있다. 아래의 예제를 살펴보자.

```
from datetime import datetime
from time import sleep
import subprocess
for count in range(0, 60):
    filename = str(datetime.now()) + ".jpg"
    subprocess.call(["fswebcam", filename])
    sleep(60)
```

---

4 (옮긴이) 이 예제는 python2에서 실행된다.

이 예제는 60초마다 한 번씩 웹캠으로 스냅 사진을 찍는 동작을 60 회 반복하는 간단한 저속 촬영 스크립트다. USB 카메라를 연결하고 fswebcam 프로그램을 설치하면 이 스크립트도 정상적으로 작동한다. 카메라에 대해서는 11장에서 자세히 다룬다. 예제 스크립트를 실행하기 전에 먼저 fswebcam 프로그램을 설치한다.

```
$ sudo apt-get install fswebcam
```

subprocess.call() 함수는 문자열 리스트로 이루어진 매개변수를 하나의 명령어로 만들어서(하나로 연결되는 리스트의 항목 사이에는 공백이 추가됨) 특정한 프로그램을 실행한다. 프로그램이 적절하게 실행되면 라즈베리 파이는 별도의 프로세스를 해당 프로그램에 할당하며 이는 파이썬 스크립트와는 별개의 프로세스로 작동한다. 앞의 예제에서 subprocess.call() 함수로 내린 명령은 아래의 명령과 같은 의미다.

```
fswebcam 20140812.jpg
```

세부적인 조건을 특정하여 프로그램을 실행하려면 subprocess.call() 함수의 매개변수 리스트에 관련 문자열을 추가한다.

```
subprocess.call(["fswebcam", "-r", "1280x720", filename])
```

이 명령은 사진을 찍을 때 해상도를 특정하는 조건을 fswebcam 프로그램에 전달한다.

부팅할 때 자동으로 파이썬 스크립트 실행하기

라즈베리 파이는 다양한 용도의 독립 실행형 장치로 활용될 수 있다. 독립적으로 실행되는 장치로 사용하려면 파이가 부팅될 때 특정한 파이썬 스크립트를 자동으로 실행시켜야 한다. 이러한 기능을 갖추려면 /etc/rc.local 파일에 파이썬을 실행하는 명령어를 추가하면 된다. 이는 리눅스 사용자들이 흔히 사용하는 방법이다.

먼저 nano 편집기에서 rc.local 파일을 슈퍼 사용자 권한으로 연다.

```
$ sudo nano /etc/rc.local
```

다음에는 주석으로 처리된 부분과 exit 0 사이에 스크립트를 실행하는 명령을 아래와 같이 추가한다.

```
python /home/pi/foo.py&
```

행의 맨 뒤에 &(앰퍼샌드) 부호를 붙이면 스크립트가 백그라운드 프로세스로 실행되어서 파이의 다른 서비스들이 부팅되는 과정을 방해하지 않을 수 있다.

4.6 에러 해결하기

프로그램을 작성하다 보면 코드에 문제가 생기기 마련이고, 그때마다 버그(Bug)를 추적해서 잡아내야 한다. IDLE의 대화형 모드는 이럴 때 든든한 친구가 되곤 한다. 'Debug' 메뉴는 사용자가 작성한 코드가 실제로 어떻게 실행되는지 이해할 수 있도록 도와주는 다양한 툴을 제공한다. 또한 모든 변수를 보여 주는 기능과 실행 과정을 코드 한 줄 한 줄씩 보여 주는 기능도 버그를 해결할 때 유용하게 활용된다.

구문상의 오류(Syntax errors)는 대부분 철자를 잘못 입력했거나 언어에 대한 오해 때문에 발생하므로 해결하기도 가장 쉽다. 그에 비해, 프로그램의 문법적 형식에는 문제가 없지만 기대와 다르게 작동하는 의미상의 오류(Semantic errors)는 해결하기가 다소 어렵다. 바로 이와 같이 까다로운 문제를 풀어야 할 때는 디버거(Debugger)가 큰 도움이 되곤 한다. 효과적인 디버깅 방법을 제대로 익히는 데는 몇 년씩 시간이 걸리곤 한다. 하지만 아래에 나열하는 몇 가지 요령만이라도 명심

한다면 파이에서 파이썬을 프로그래밍할 때 큰 도움이 될 것이다.

- 프로그램의 특정한 지점마다 print() 함수를 삽입하여 프로그램이 해당 지점이 실행되는지 확인한다.
- 프로그램이 실행되는 동안 변수가 올바른 값을 갖는지 print() 함수로 출력하여 확인한다.
- 공백 문자를 의도에 맞게 제대로 사용하여 블록들을 정의했는지 재확인한다.
- 구문 오류를 디버깅할 경우, 진짜로 오류가 유발되는 지점은 인터프리터가 오류 위치로 보고하는 지점보다 더 앞선 곳일 수 있다는 점을 명심한다.
- 모든 전역 변수와 지역 변수를 재확인한다.
- 괄호의 짝이 맞는지 확인한다.
- 계산식에서 사용한 연산자의 우선순서가 올바른지 확인한다. 연산자의 우선순위가 잘 기억나지 않는다면 괄호를 사용한다. 가령, 3 + 4 * 2의 결과는 (3 + 4) * 2의 결과와 전혀 다르다.

파이썬이 편하게 느껴지고 경험도 많이 쌓인 다음에는 code나 logging과 같은 전문적인 디버깅 툴을 사용해 보는 것도 좋다.

4.7 더 알아보기

이 장에서는 파이썬에 대해 알아야 할 최소한의 내용만 다루었다. 파이썬에 대해 더 알아보려면 아래의 책이나 사이트를 참고하도록 한다.

『Think Python』
　　일반적인 프로그래밍 방법에 대해 명확하고 간결하게 설명하는 안내서다(파이썬을 사용하여 프로그래밍 방법을 설명한다).

『Python Pocket Reference』

때로는 스택오버플로에서 수십 개의 게시물을 찾아보는 것보다 책 한 권을 훑어 보는 편이 더 나을 때도 있다.

『Learn Python The Hardway[5]』

대단한 책인 동시에 온라인 자원이다. 아무리 못해도, 들어가는 글인 '정도가 왕도입니다(The Hard Way Is Easier)' 만이라도 읽어보기 바란다. (http://learnpythonthehardway.org/)

『Python for Kids[6]』

파이썬을 이용하여 일반적인 프로그래밍 방법을 설명하는 또 다른 도서다(어린이 독자를 대상으로 씌였다).

스택오버플로

스택오버플로(StackOverflow)는 집단 지식의 훌륭한 원천이다. 특히 특정한 해결책이나 에러 메시지에 대한 답을 찾고 있는 경우라면 더없이 유용하다. 이미 누군가가 똑같은 문제에 대해 글을 올렸을 가능성이 높기 때문이다. (http://stackoverflow.com)

---

5 『간깐하게 배우는 파이썬』(인사이트, 2014)
6 『누구나 쉽게 배우는 파이썬 프로그래밍』(비제이퍼블릭, 2013)

5

Pygame으로 애니메이션과 멀티미디어 다루기

Pygame은 파이썬으로 간단한 게임을 만들 때 유용한 가벼운 프레임워크이고, 게임뿐만 아니라 일반적인 멀티미디어 프로그래밍을 할 때도 자주 사용된다. 화면에 그림을 그리거나 소리를 재생할 때, 또는 키보드나 마우스 이벤트를 다룰 때 편리하게 사용할 수 있다.

Pygame은 SDL(Simple DirectMedia Layer)이라는 라이브러리를 파이썬에서 사용할 수 있도록 환경을 구성해 주는 일종의 소프트웨어 래퍼(Wraper)다. SDL은 파이의 키보드, 마우스 그리고 오디오 및 비디오 드라이버에 대한 모든 저수준의 접근(Low-level access)을 처리한다. Pygame은 SDL을 한층 더 간소화했다.

이 장에서는 Pygame으로 게임을 프로그래밍하는 방법보다는 멀티미디어를 처리하는 기본적인 방법에 더 초점을 맞춘다. 게임 프로그래밍과 관련된 정보에 대해서는 이 장의 마지막 부분에서 언급한다.

5.1 안녕, Pygame!

라즈베리 파이 배포판에는 이미 Pygame이 설치되어 있다. 파이썬 3에서 작동하는 Pygame 버전도 있지만 라즈비안에 내장되어 배포되는 버전은 파이썬 2.7 버전에서만 작동한다. 따라서 Python 3 버전이 아닌 Python 2를 사용한다('메뉴 → 프로그래밍'에서 Python 2를 클릭하면 된다). 또는 그냥 명령어 인터페이스에서 python이라고 입력하면 2.7 인터프리터가 자동으로 선택된다.

아래의 예제는 Pygame 프로그램을 작성하는 최소한의 단계를 보여준다. 스크립트를 실행하면 새로운 창에 빨간 동그라미가 나타난다.

```
import pygame ❶

width = 640 ❷
height = 480
radius = 100
stroke = 1
pygame.init() ❸

window = pygame.display.set_mode((width, height)) ❹
window.fill(pygame.Color(255, 255, 255)) ❺

while True: ❻
    pygame.draw.circle(window, ❼
                        pygame.Color(255, 0, 0),
                        (width/2, height/2),
                        radius, stroke)
    pygame.display.update() ❽
```

❶ Pygame의 모든 객체들과 함수들을 사용할 수 있도록 Pygame 모듈을 불러온다.

❷ 여기서 전역 변수를 몇 개 설정한다.

❸ 모듈의 다른 기능을 사용하기 전에 init() 함수를 먼저 호출해야 한다. 이렇게 해야 몇몇 단계들이 초기화되어서 Pygame을 사용할 수

있고, Pygame에 내장된 모든 하위 모듈들의 init() 함수들도 호출할
수 있다.

❹ Pygame의 Surface 객체를 window로 설정한다. 이곳은 그림이 표
시되는 영역이다.

❺ window를 흰색으로 채운다.

❻ 무한 반복하여 코드를 실행한다. 코드들이 한 번씩 반복 실행될 때
마다 애니메이션의 한 프레임이 재생된다고 보면 된다.

❼ window의 중앙에 빨간 동그라미를 그린다.

❽ 반복 실행되는 그리기 명령은 애니메이션의 한 프레임에 해당하는
결과를 만들어 낸다. 그런데 그리기 명령은 도형을 직접 화면에 그
리는 대신 숨겨진 버퍼에 그려 넣는다. 따라서 이 숨겨진 그림을 화
면에 표시하려면 display.update() 함수를 호출해야 한다.

> 디스플레이 창에 도형이 그려지는 동안에는 닫기 버튼을 클릭해도 창이 닫히지 않
> 는다. 따라서 창을 닫으려면 명령어 인터페이스에서 Ctrl+C를 눌러야 한다. 만일
> 디스플레이 창의 닫기 버튼을 활성화하고 싶다면 while 블록의 맨 아래에 다음의
> 코드를 추가한다.
>
> ```
> if pygame.QUIT in [e.type for e in pygame.event.get()]:
>     break
> ```
>
> 위의 코드를 추가하면 닫기 버튼을 클릭했을 때 발생하는 이벤트 트리거에 코드가
> 반응할 수 있다. 이벤트와 관련해서는 97쪽의 '이벤트와 입력 다루기'를 참고한다.

Pygame에는 다수의 하위 모듈과 객체가 포함되어 있다. 이제부터 이
들의 역할과 사용법에 대해 알아보자.

5.2 Pygame의 Surface

Pygame에 포함되어 있는 Surface는 단지 직사각형 이미지일 뿐이다. 게임이나 애니메이션의 각 프레임은 여러 Surface들이 조합되고 층을 이루어 만들어 내는 하나의 장면이다. Surface의 각 픽셀은 일련의 8-비트 숫자 세 개로 RGB 색을 표현한다(가령 세 개의 숫자 (0, 255, 0)은 녹색을 표현한다). 네 번째 숫자를 추가하면 투명도까지 표현할 수 있다. 가령, (0, 255, 0, 127)은 50%로 투명하게 보이는 녹색 픽셀을 표현한다.

디스플레이 창은 모든 Surface들이 그려지는 바탕이다. pygame. display 모듈은 디스플레이 창을 제어할 뿐만 아니라 창에 대한 정보도 제공할 수 있다. 새로운 디스플레이 창을 만들 때는 set_mode() 함수를 사용하고, 프레임마다 디스플레이를 새로 그리려면 update() 함수를 사용한다.

Surface에 이미지 파일을 불러와서 화면에 표시하려면 pygame. image 모듈의 load() 함수를 사용한다. 일단 Surface의 display 객체가 있다면 그 위에 새로운 Surface 객체를 만들어서 이미지를 추가한 다음, blit() 함수로 결합할 수 있다.[1]

```
import pygame

pygame.init()
screen = pygame.display.set_mode((450, 450))
background = pygame.image.load("background.png") ❶
background.convert_alpha() ❷
screen.blit(background, (0, 0)) ❸
while True:
    pygame.display.update()
```

---

1 (옮긴이) 이 예제를 실습하려면 'background.png' 파일이 필요하다.
- 5장 예제 파일 링크: https://github.com/gswraspberrypi/2nd_Ed_GSWRaspberryPiExamples
- background.png 파일 링크: https://goo.gl/n9cfpF
- theremin.png 파일 링크: https://goo.gl/Na0hJj

❶ 이미지를 로드하여 background에 할당한다. 이 이미지는 파이썬 스크립트와 동일한 디렉터리에 있어야 한다.

❷ convert_alpha() 함수는 현재의 디스플레이에 맞게 Surface의 포맷을 변경한다. 꼭 사용할 필요는 없지만 이미지의 합성 속도를 높일 수 있기 때문에 사용을 권장한다.

❸ Surface의 screen 색깔은 검은색이 기본이다. blit() 함수는 Surface의 background에 있는 이미지를 검정 배경과 합쳐준다.

이번에는 두 개의 이미지를 합성하는 예제다(그림 5-1 참고).

```
import pygame

pygame.init()
screen = pygame.display.set_mode((450, 450))
background = pygame.image.load("background.png").convert_alpha()
theremin = pygame.image.load("theremin.png").convert_alpha()
screen.blit(background, (0, 0))
screen.blit(theremin, (135, 50))
while True:
    pygame.display.update()
```

그림 5-1. 이미지 두 개 합치기

Surface를 회전하거나 크기를 조절하려면 pygame.transform 모듈을 사용한다. 만약 Surface 상의 개별 픽셀에 접근하고 싶다면 pygame.surfarray 모듈의 함수들을 사용한다.

Surface는 항상 직사각형 모양으로 생성된다. 앞의 예제에서는 투명하게 처리된 영역이 있어서 Surface가 직사각형이 아닌 것처럼 보일 수도 있지만 Surface는 여전히 직사각형의 속성을 유지하고 있다. 만약 정말로 직사각형이 아닌 Surface 모양을 사용해야 한다면(가령, 픽셀 단위에서 충돌을 감지해야 하는 경우 등) 다른 Surface에서 pygame.mask 모듈을 사용하여 마스크를 씌우면 된다. 마스크 기법에 대해서는 이 장의 마지막 부분에서 게임 프로그래밍과 관련해서 자세하게 설명한다.

5.3 Surface에 그림 그리기

앞의 예제에서는 동그라미를 그리는 pygame의 함수를 살펴보았다. pygame.draw 모듈은 직사각형, 선, 호 그리고 타원 등의 도형을 그릴 수 있는 함수들도 제공한다. pygame.gfxdraw 모듈을 사용해도 도형을 그릴 수 있다. 보다 상세한 옵션도 추가적으로 제공되고는 있지만, 아직은 실험적인 단계이며 관련 API가 조만간 바뀔 수도 있다.

화면에 글자를 표시하고 싶다면 먼저 Font 객체를 새로 만들어야 한다. 이 객체는 pygame.font 모듈이 제공한다. 객체를 만든 다음에는 해당 객체에 글꼴을 로드해서 텍스트를 표현할 수 있다. 라즈베리 파이에 설치된 사용할 수 있는 글꼴의 목록을 보려면 pygame.font.get_fonts() 함수를 사용한다.

```
import pygame

pygame.init()
for fontname in pygame.font.get_fonts():
    print fontname
```

위의 예제를 실행한 결과를 보면 알 수 있듯이 라즈비안 배포판에는
글꼴이 여러 개 설치되어 있다. 이제 SysFont 객체를 사용하여 간단한
텍스트를 freeserif 글꼴로 표시해 보자.

```
import pygame

pygame.init()
screen = pygame.display.set_mode((725, 92))
font = pygame.font.SysFont("freeserif", 72, bold = 1)
textSurface = font.render("1 Theremin Per Child!", 1,
                          pygame.Color(255, 255, 255))
screen.blit(textSurface, (10, 10))
while True:
    pygame.display.update()
```

 더 많은 글꼴을 사용하고 싶다면 아래와 같이 추가로 글꼴을 설치한다.

```
$ sudo apt-get install ttf-mscorefonts-installer
$ sudo apt-get install ttf-liberation
```

5.4 이벤트와 입력 다루기

Pygame은 키보드 누르기나 마우스 클릭하기 또는 마우스 움직이기와
같이 사용자가 유발하는 이벤트를 모두 Event 객체로 갈무리하여 이
벤트 대기 행렬로 보낸다. 이곳에서 Event 객체들은 사용자의 프로그
램에 사용될 때까지 쌓여 있게 된다. pygame.event 모듈은 행렬에 쌓
여 있는 이벤트들을 다룰 수 있는 함수들을 제공한다. 물론 사용자만
의 이벤트 유형을 만들어서 정보를 전달하는 시스템을 구현할 수도 있

다. 이해를 도울 수 있도록, 빨간 동그라미를 그리는 프로그램에 이벤트 행렬을 추가하여 확장된 예제를 만들어 보자. 이 예제는 매 프레임마다 마우스의 현재 위치에 새로운 동그라미를 그린다. 마우스가 창의 중심에서 멀어질수록 동그라미의 반지름은 커진다(그림 5-2 참고).

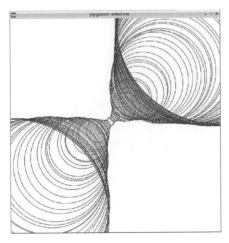

그림 5-2. Pygame의 이벤트 예제를 실행한 결과

그림 5-2를 만드는 코드는 다음과 같다.

```
import pygame
from pygame.locals import *  ❶

width, height = 640, 640
radius = 0
mouseX, mouseY = 0, 0  ❷

pygame.init()
window = pygame.display.set_mode((width, height))
window.fill(pygame.Color(255, 255, 255))

fps = pygame.time.Clock()  ❸

while True:  ❹
    for event in pygame.event.get():  ❺
```

```
    if event.type == MOUSEMOTION: ❻
        mouseX, mouseY = event.pos
    if event.type == MOUSEBUTTONDOWN: ❼
        window.fill(pygame.Color(255, 255, 255))
radius = (abs(width/2 - mouseX)+abs(height/2 - mouseY))/2 + 1 ❽
pygame.draw.circle(window, ❾
                   pygame.Color(255, 0, 0),
                   (mouseX, mouseY),
                   radius, 1)
pygame.display.update()
fps.tick(30) ❿
```

❶ pygame.locals 모듈에는 MOUSEMOTION과 같은 상수들이 다수 정의되어 있다. 이 모듈을 불러오면 매번 pygame.을 앞에 표기하지 않고도 정의된 상수를 사용할 수 있다.

❷ 마우스의 좌표를 저장할 변수들이다.

❸ 이 함수는 프레임 수를 계산하는 데 사용할 객체를 초기화한다. fps(초당 프레임 수) 변수로 프레임을 바꾸는 시간을 조절하여 일정한 프레임 속도를 유지하도록 처리할 것이다.

❹ 무한 반복한다. 한 번 반복할 때마다 하나의 프레임을 표현한다.

❺ 이벤트 행렬의 모든 요소들을 하나씩 살펴본다. 이 과정에서 행렬에 있는 이벤트 요소들이 하나씩 event 변수에 할당된다.

❻ 만약 event의 유형이 마우스의 움직임(MOUSEMOTION)이라면 마우스의 위치를 저장하는 변수들을 새로 고친다.

❼ 만약 event의 유형이 마우스 클릭(MOUSEBUTTONDOWN)이라면 화면을 흰색으로 채운다.

❽ 마우스가 화면의 중심에서 얼마나 멀리 떨어져 있는지에 따라 radius의 값을 바꾼다.

❾ 원을 그린다.

❿ 프레임 속도가 30fps를 유지하도록 처리한다.

이벤트나 사용자 입력을 다룰 때 유용한 모듈들은 몇 가지가 더 있다.

pygame.time

시간을 검사하는 모듈이다.

pygame.mouse

마우스 정보를 가져오는 모듈이다.

pygame.key

키보드 정보를 가져오며, 키를 표현하는 다수의 상수들이 내포되어
있다.

pygame.joystick

조이스틱을 다룰 때 사용하는 모듈이다.

전체화면 사용하기

프로그램을 실행했을 때 창이 모니터 전체로 확장되고 영상이 화면 전체에 표시되
도록 하려면 디스플레이 모드를 설정할 때 pygame.FULLSCREEN 플래그를 설
정한다. 한편, 전체화면을 사용할 때는 Ctrl-C를 사용할 수 없으므로 스크립트를
종료하는 방안을 미리 마련해 두어야 한다.

```python
import pygame
import random
from time import sleep

running = True
pygame.init()
screen=pygame.display.set_mode((0,0), pygame.FULLSCREEN)
while running:
    pygame.draw.circle(
        screen,
        pygame.Color(int(random.random()*255),
                     int(random.random()*255),
                     int(random.random()*255)),
```

```
            (int(random.random()*1500),
             int(random.random()*1500)),
            int(random.random()*500), 0)
    pygame.display.update()
    sleep(.1)
    for event in pygame.event.get():
        if event.type == pygame.KEYDOWN:
            running = False
pygame.quit()
```

이 스크립트는 키보드에서 아무 키나 누르면 종료된다.

5.5 스프라이트

움직이거나 제어할 수 있는 게임의 시각적인 요소들은 대부분 스프라이트(Sprites)로 처리한다. pygame.sprite 모듈은 스프라이트를 화면에 표시하거나 스프라이트끼리의 충돌 여부를 감지하는 데 필요한 기본적인 함수들을 제공한다. 나아가 스프라이트들을 그룹으로 묶어서 동시에 제어하거나 업데이트하는 기능도 제공한다. 스프라이트를 사용하여 게임을 완성하는 프로젝트는 이 책의 범위를 넘어서는 일이다. 108쪽의 '더 알아보기'에 도움이 될만한 관련 자료를 소개해 놓았으니 참고하자.

스크린에 등장하는 여러 요소들이 서로 상당한 양의 코드를 공유하는 경우라면 스프라이트를 사용하는 것이 좋다. 다음은 두 개의 스프라이트를 만들고 업데이트하는 예제다. 스크립트를 실행하면 화면에서 움직이다가 가장자리에 부딪히면 튕겨 나오는 두 개의 공이 나타난다. 마음만 먹으면 다른 위치, 방향, 그리고 속도로 움직이는 새로운 스프라이트를 얼마든지 추가할 수도 있다.

```python
import pygame

class Ball(pygame.sprite.Sprite):  ❶

    def __init__(self, x, y, xdir, ydir, speed):  ❷
        pygame.sprite.Sprite.__init__(self)
        self.image = pygame.Surface([20, 20])
        self.image.fill(pygame.Color(255, 255, 255))
        pygame.draw.circle(self.image,
                           pygame.Color(255,0,0),
                           (10,10), 10, 0)
        self.rect = self.image.get_rect()
        self.x, self.y = x, y  ❸
        self.xdir, self.ydir = xdir, ydir
        self.speed = speed

    def update(self):  ❹
        self.x = self.x + (self.xdir * self.speed)
        self.y = self.y + (self.ydir * self.speed)
        if (self.x < 10) | (self.x > 490):
            self.xdir = self.xdir * -1
        if (self.y < 10) | (self.y > 490):
            self.ydir = self.ydir * -1
        self.rect.center = (self.x, self.y)

pygame.init()
fps = pygame.time.Clock()
window = pygame.display.set_mode((500, 500))
ball = Ball(100, 250, 1, 1, 5)  ❺
ball2 = Ball(400, 10, -1, -1, 8)

while True:
    ball.update()  ❻
    ball2.update()
    window.fill(pygame.Color(255,255, 255))

    window.blit(ball.image, ball.rect)  ❼
    window.blit(ball2.image, ball2.rect)
    pygame.display.update()
    fps.tick(30)
```

❶ class 구문으로 Sprite 객체에 기반한 새로운 객체(빨간 공)를 만든
다. 그러면 객체 안에서 사용자 함수를 정의하여 프레임이 업데이
트될 때마다 스프라이트가 화면에 나타나는 방식과 움직이는 방식
을 정할 수 있다.

❷ Ball() 함수를 호출하면 이 함수가 호출되어 새로운 공을 만든다.

❸ 이 변수들은 Ball 인스턴스의 한 부분으로 저장된다. 각 인스턴스는 자신만의 변수들을 내장하고 있다.

❹ 이 update() 함수는 매 프레임마다 호출된다. 저장된 방향과 속도에 기반하여 현재의 위치를 산출한 뒤, 화면의 가장자리에 접근했는지 검사한다. 만약 수평 또는 수직 가장자리에 충분히 접근했다면 이동하던 방향을 해당 축의 반대 방향으로 바꾼다.

❺ 서로 위치, 방향 그리고 속도가 다른 공 두 개를 생성한다.

❻ 지정된 위치, 방향 그리고 속도에 기반하여 공이 새로운 위치로 이동하도록 업데이트한다.

❼ 이동한 위치에 공을 그린다.

5.6 소리 재생하기

사운드 파일을 로드해서 재생하려면 pygame.mixer 모듈을 사용한다. MIDI 이벤트를 파이의 다른 소프트웨어나 파이의 USB 포트에 연결된 MIDI 하드웨어에 보내려면 pygame.midi 모듈을 사용한다. 다음의 예제는 WAV 형식의 소리 샘플을 재생한다. 이 소리 샘플은 https://archive.org/details/WilhelmScreamSample에서 다운로드 할 수 있다.

```
import pygame.mixer
from time import sleep

pygame.mixer.init(48000, -16, 1, 1024)

sound = pygame.mixer.Sound("WilhelmScream.wav")
channelA = pygame.mixer.Channel(1)
channelA.play(sound)
sleep(2.0)
```

앞의 스크립트를 실행하면 오디오 파일(WAV 형식)이 로드되며 채널과 연결된다. mixer는 각 채널을 별도의 프로세스로 처리하기 때문에 여러 소리를 동시에 재생할 수 있다. 마지막 행에 있는 sleep()은 프로세스를 지연시킨다. sleep()은 소리가 다 재생되지 않은 상태에서 메인 프로세스가 종료되어 프로그램이 끝나지 않도록 해준다.

소리 파일을 mixer로 재생하는 방법은 9장의 '프로젝트: 간단한 사운드보드 만들기' 예제에서 자세하게 논의한다. Pygame의 MIDI 기능은 몇 가지 매우 흥미로운 기능을 갖추고 있다. 가령, 사용자의 취향에 맞는 MIDI 컨트롤러를 매우 쉽게 만들 수 있다. 이 책을 집필하고 있는 현재(2014년), 라즈비안에서 작동시킬 수 있는 소프트웨어 신시사이저는 다소 매끄럽지 않은 측면이 있고, 아날로그 오디오 출력은 HDMI 오디오 출력에 비해 품질이 떨어지기도 한다. 하지만 이러한 상황은 개선될 것이고 필요하다면 언제라도 외부 USB MIDI 장치를 연결하여 사용할 수 있다. 라즈베리 파이에 연결된 MIDI 장치에 대한 정보를 보려면 아래 파이썬 스크립트를 실행한다.

```
import pygame
import pygame.midi  ❶

pygame.init()
pygame.midi.init()  ❷
for id in range(pygame.midi.get_count()):  ❸
    print pygame.midi.get_device_info(id)  ❹
```

❶ midi 모듈은 pygame 모듈과는 별도로 불러와야 한다.

❷ 또한 midi 모듈은 별도로 초기화해야 한다.

❸ get_count() 함수를 호출하면 파이에 연결된 USB MIDI 장치들이나 소프트웨어 신시사이저, 또는 다른 가상 MIDI 장치들의 수를 반환한다.

❹ 장치들의 정보를 출력한다.

외부 MIDI 키보드 장치를 연결하고 위의 스크립트를 실행하면 다음과
유사한 결과가 출력된다.

```
('ALSA', 'Midi Through Port-0', 0, 1, 0)
('ALSA', 'Midi Through Port-0', 1, 0, 0)
('ALSA', 'USB Uno MIDI Interface MIDI 1', 0, 1, 0)
('ALSA', 'USB Uno MIDI Interface MIDI 1', 1, 0, 0)
```

첫 번째 문자열은 ALSA(Advanced Linux Sound Architecture)를 사용
하고 있다는 표시고, 두 번째는 각 MIDI 포트에 대한 설명이다. 이어
지는 숫자 세 개는 포트의 설정이 입력장치인지 아니면 출력장치인지,
열려있는지 아닌지를 나타낸다. 앞의 출력 예제는 0부터 3까지 번호가
매겨진 네 개의 서로 다른 MIDI 포트를 나타낸다고 보면 된다.

Midi Through Port-0 (0, 1, 0)

포트 번호는 0이며 출력용으로 설정되어 있다. 파이에서 실행되는
소프트웨어 신시사이저로 출력 신호를 내보낼 수 있다.

Midi Through Port-0 (1, 0, 0)

포트 번호는 1이며 입력용으로 설정되어 있다. 파이에서 실행되는
소프트웨어 신시사이저로부터 MIDI 제어 입력 신호를 받을 수 있다.

USB Uno MIDI Interface MIDI 1 (0, 1, 0)

포트 번호는 2이며 출력용으로 설정되어 있다. 키보드에 연결되는
외부 USB MIDI 인터페이스로 출력 신호를 내보낼 수 있다.

USB Uno MIDI Interface MIDI 1 (1, 0, 0)

포트 번호는 3이며 입력용으로 설정되어 있다. 키보드에 연결되는

외부 USB MIDI 인터페이스로부터 입력 신호를 받을 수 있다.

앞의 내용을 참고하여 USB로 외부 장치인 키보드를 연결하면 다음 예제와 같이 Pygame으로 제어할 수 있다.

```python
import pygame
import pygame.midi
from time import sleep

instrument = 0 ❶
note = 74
volume = 127

pygame.init()
pygame.midi.init()

port = 2 ❷
midiOutput = pygame.midi.Output(port, 0)
midiOutput.set_instrument(instrument)
for note in range(0, 127):
    midiOutput.note_on(note, volume) ❸
    sleep(.25)
    midiOutput.note_off(note, volume)
del midiOutput
pygame.midi.quit()
```

❶ MIDI 값을 지정한다. 값의 범위는 통상 0부터 127 사이이다.

❷ 포트 2를 연다. 이 포트에는 USB MIDI 신호로 제어할 수 있는 키보드가 연결되어 있어야 한다.

❸ 제어 신호를 통해 하나의 음을 보내고 잠깐 기다렸다가 멈춘다.

라즈베리 파이는 다양한 분야에서 활용이 가능한데, 특히 음악을 만드는 플랫폼으로서의 잠재력은 매우 크다고 할 수 있다.

5.7 비디오 재생하기

pygame.movie 모듈을 사용하면 Pygame으로 비디오를 재생할 수 있다. 단, 재생할 수 있는 비디오 파일들은 MPEG1 포맷으로 인코딩된 파일들뿐이다. 다른 포맷의 비디오 파일은 ffmpeg 유틸리티를 사용하여 포맷을 변환하면 볼 수 있다(ffmpeg을 사용하려면 먼저 apt-get install ffmpeg을 실행해야 한다). 비디오 파일을 재생할 때는 새로운 Movie 객체를 만들고 play() 함수를 호출한다.

```
import pygame
from time import sleep
pygame.init()
screen = pygame.display.set_mode((320,240))
movie = pygame.movie.Movie("foo.mpg")
movie.play()
while True:
    if not(movie.get_busy()):
        print("rewind")
        movie.rewind()
        movie.play()
    if pygame.QUIT in [e.type for e in pygame.event.get()]:
        break
```

오디오 트랙이 포함되어 있는 비디오를 재생할 때는 먼저 Pygame의 오디오 mixer를 닫은 다음 동영상을 재생해야 한다. mixer를 종료하려면 아래의 행을 재생 코드 앞에 추가한다.

```
pygame.mixer.quit()
```

> ### 더 많은 예제들
>
> Pygame의 pygame.examples 모듈은 보다 완성도 높은 예제 프로그램을 안내하는 전용 모듈이다. 이 예제들의 소스 코드는 /usr/share/pyshared/pygame/examples 디렉터리에 있다.

5.8 더 알아보기

Pygame 공식 문서 자료

공식 문서 자료는 부분적으로 다소 엉성한 면이 있긴 하지만 이 장
에서 설명하는 내용을 충분히 이해했다면 큰 어려움 없이 읽을 수
있을 것이다. (http://www.pygame.org/docs/)

『Making Games with Python & Pygame』[2], 『Invent Your Own Computer Games
with Python』[3]

Creative Commons 라이선스의 책 두 권을 소개한다. 이 책에서 구
현하고 있는 게임들은 라즈베리 파이에도 포함되어 있다. (http://
inventwithpython.com)

---

2 (옮긴이) 『Python과 Pygame으로 게임 만들기』 (정보문화사, 2014)
3 (옮긴이) 『나만의 Python 게임 만들기』 (정보문화사, 2014)

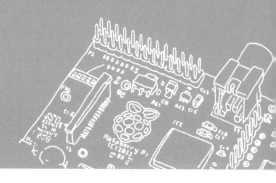

6
스크래치

스크래치는 어린이들에게 새로운 방식으로 프로그래밍을 가르치기 위해
MIT 미디어 랩의 평생유치원 그룹(Lifelong Kindergarten Group)이 개
발한 교육용 소프트웨어다. 스크래치에는 특정한 기능을 수행하는 다채로
운 색상의 기능 블록들이 내장되어 있는데, 사용자는 이 블록들을 하나씩
쌓아가면서 프로그램을 작성하게 된다. 블록 방식의 코딩은 텍스트 기반의
코딩과 달리 문법적 오류가 발생하지 않는다. 덕분에 프로그래밍을 처음
시작하는 초보자도 쉽게 코드를 작성할 수 있다.

스크래치의 핵심적인 가치를 간과하는 사람들은 종종 스크래치가 강
력한 프로그래밍 언어가 아니라고 불평하곤 한다. 스크래치의 진정한
가치는 즉석으로 무엇인가를 창작하거나 쉽게 구현할 수 있게 해주는
우호적인 프로그래밍 환경에 있다. 코드 블록들은 작동할 때마다 시각
적으로 강조되기 때문에 어린 학생들도 쉽게 프로그램이 실행되는 흐
름을 추적할 수 있다. 또한 프로그램이 실행되고 있는 중에도 블록을
교체할 수 있어서 코드를 변경한 효과를 실시간으로 확인할 수 있다.
　곧 확인하겠지만, 모든 스크래치 프로그램은 무대 위의 스프라이트

를 조종하는 데 초점을 맞추고 있다. 한편, 스크래치는 플랫폼 자체에
스프라이트와 코드를 수월하게 공유할 수 있는 기능을 내장하고 있다.
덕분에 스크래치 사용자들은 보다 쉽고 왕성하게 커뮤니티 활동을 하
고 있다.

6.1 안녕, 스크래치!

'상자 안의 고양이' 프로그램을 작성해서 스크래치로 프로그래밍을 배
우는 것이 얼마나 쉬운지 직접 체험해 보자. 스크래치를 시작하면 여
러 개의 구역으로 구분되어 있는 창을 볼 수 있다. 각 구역의 역할은
그림 6-1에 표시되어 있다. 스크래치를 시작하려면 데스크톱의 '메뉴
→ Programming → Scratch'를 클릭한다.

> 🖉 옮긴이 스크래치는 한글을 지원한다. 인터페이스와 블록들을 한글로 보려면 스
> 크래치 로고 오른쪽의 지구 모양 아이콘을 클릭하고, 언어 목록에서 한글을 선
> 택한다.

모든 스크래치 프로그램은 무대와 무대 위에서 상호작용하는 스프라
이트들로 구성된다. 스프라이트를 제어하려면 블록 팔레트에 있는 블
록을 스크립트 영역으로 끌어와 쌓는 방식으로 스크립트를 작성한다.
스크래치에서 '파일(File) → 새로 만들기(New)'를 하면 고양이 스프라
이트(Sprite1)가 무대 위에 나타난다. 고양이가 필요 없다면 삭제하고
(스프라이트 목록(Sprite List)에서 해당 스프라이트를 오른쪽 클릭하면
삭제 메뉴가 나타난다), 새로운 스프라이트를 직접 그리거나 스크래치
커뮤니티에서 제공하는 스프라이트를 가져와도 된다.

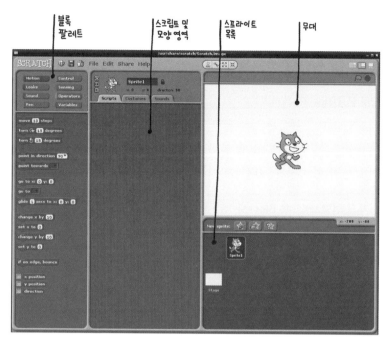

블록
팔레트

스크립트 및
모양 영역

스프라이트
목록

무대

그림 6-1. 스크래치 환경. 스크래치 창 안에 여러 구역으로 나뉜 하위 패널들이 보인다. 왼쪽부터 차례로 블록 팔레트(Block palettes), 스크립트(Scripting) 및 모양(Costume) 영역, 스프라이트 목록(Sprite list) 그리고 무대(The stage)가 보인다.

스프라이트를 선택한 다음 스크립트 탭을 클릭하면 해당 스프라이트에 기입된 스크립트가 표시된다. 지금은 스프라이트 목록에서 고양이를 클릭해도 스크립트 영역에 아무것도 나타나지 않는다. 이곳에 필요한 블록을 끌어다 놓으면 스크립트를 작성할 수 있다. 다른 스프라이트의 스크립트를 보려면 스프라이트 목록에서 해당 스프라이트를 클릭한다.

스크립트를 작성할 때는 블록 팔레트에 있는 블록을 스크립트 영역에 끌어다 놓는다. 다수의 블록들은 다른 블록의 위나 아래 또는 안이나 밖에 붙이는 식으로 조립할 수 있다. 블록의 모양이나 요철을 보면 어떻게 조립하는지 쉽게 알 수 있다. 그림 6-2에 보이는 것과 같이 스크래치에는 세 종류의 블록이 있다.

모자 블록(Hat Blocks)
대표적인 모자 블록은 녹색 깃발 그림이 있는 '프로젝트를 시작했을 때 (when green flag clicked)' 블록이다. 모자 블록은 쌓인 블록들의 맨 위에 놓이며, 특정한 이벤트가 일어났을 때 반응한다.

쌓기 블록(Stackable Blocks)
블록의 윗면에는 대체로 살짝 들어간 홈이 있고, 아래에는 그만큼 돌출된 부분이 있어서 다른 블록들과 요철을 맞춰 조립할 수 있다. 위에 있는 블록이 아래에 있는 블록보다 먼저 실행된다.

리포터 블록(Reporter Blocks)
리포터 블록은 가장자리의 모양이 둥글거나 뾰족하게 생겼고, 다른 블록의 입력 영역에 끼워 넣을 수 있다. 리포터 블록은 특정한 값이나 정보를 지니고 있는 블록이다. 변수나 마우스의 좌표 또는 조건 블록 등이 이에 해당한다.

그림 6-2. 스크래치에는 세 종류의 블록이 있다. 모자 블록(왼쪽), 쌓기 블록(가운데) 그리고 리포터 블록(오른쪽)

이제 새로운 스크립트를 작성해 보자. 먼저 제어(Control) 블록 팔레트를 선택하고 아래와 같은 블록을 스크립트 영역으로 드래그한다.

다음에는 쌓기 유형인 '무한 반복(forever)' 블록을 아래에 붙인다. 무한 반복 블록은 스크립트가 종료될 때까지 자신이 감싸고 있는 블록들을 언제까지나 반복적으로 실행한다.

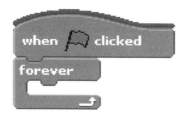

블록을 익숙하게 조립하려면 연습이 조금 필요하다. 하나의 블록을 움직이면 그 밑에 붙어 있는 블록들도 함께 움직인다. 그래서 블록 하나를 분리하려면 밑에 붙어 있는 블록들을 모두 떼어낸 다음, 아래에 붙은 블록만 다시 잡아 끌어 분리해야 하는 경우가 생긴다. 한편, 블록을 오른쪽 클릭하면 복사(자식 블록 포함)하기나 도움말 등의 메뉴를 볼 수 있다.

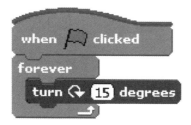

다음에는 동작(Motion) 팔레트를 선택하고 '#도 돌기(turn # degrees)' 블록을 드래그하여 무한 반복 블록 안에 넣는다.

이 상태로 스크립트를 실행하려면 무대 위의 오른편에 있는 녹색 깃발을 클릭한다. 스크래치의 근사한 특징 중 하나는 스크립트를 변경하는 즉시 효과가 무대 위로 반영된다는 점이다. 이런 특징 덕분에 사용자는 프로그램 작성과 디버깅을 동시에 할 수 있다.

> 🖉 녹색 깃발을 클릭하면 프로젝트의 모든 스크립트들에게 프로젝트 실행 메시지가 전달된다(마찬가지로, 중지 버튼을 누르면 중지 메시지가 전달된다).

'#도 돌기' 블록을 보면 회전할 각도에 해당하는 숫자가 둥근 모서리의 흰색 직사각형 영역(입력 영역)에 표기되어 있는 것이 보인다. 회전할 각도의 값을 수정할 때는 이곳에 직접 숫자를 기입해도 되고 둥근 모서리 모양의 블록을 끼워 넣어도 된다. 이제 스크립트를 일부 수정하여 스프라이트가 임의로 걸어가도록 만들어 보자.

먼저, 연산(Operators) 팔레트에 있는 '#부터 # 사이의 난수(pick random)' 블록을 끌어다 각도 값을 표시하는 영역에 끼워 넣는다. 그리고 난수의 범위가 -10부터 10 사이의 값을 갖도록 수정한다.

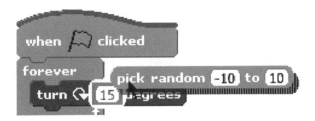

이제 동작 팔레트에서 '#만큼 움직이기(move)' 블록을 가져와 추가한다. 이 블록은 스프라이트가 현재 바라보고 있는 방향을 향해 특정한 픽셀만큼 움직이게 만든다. 바라보고 있는 방향은 스크립트 영역 위에 있는 정보 표시 영역에 숫자와 파란색 실선으로 표시된다. 움직이기 블록을 끼워 넣으면 스프라이트는 무작위로 어떤 방향을 향해 움직여 간다. 만약 스프라이트가 움직이지 않는다면 녹색 깃발을 클릭한다.

마지막으로, '벽에 닿으면 튕기기(if on edge, bounce)' 블록을 추가해서 스프라이트가 무대를 벗어나지 않도록 한다. 이제 스프라이트는 움직이다 벽에 닿으면 반대쪽으로 방향을 바꿔 이동한다.

이 정도면 스크래치 스크립트를 작성하는 방법에 대해서는 충분히 알아본 셈이다.

6.2 무대

무대는 스크래치 창의 오른쪽 위에 있는 직사각형의 공간이다. 모든 스프라이트는 이곳에서 개별적인 행동을 하거나 스프라이트끼리 상호작용한다. 스프라이트와 마찬가지로 무대도 자체적인 스크립트를 가질 수 있으며 모양이나 행동을 변경할 수 있다. 무대를 선택한 뒤 스크립트 영역 위에 있는 배경(Backdrops)으로 들어가서 편집 버튼을 누르면 배경에 직접 그림을 그릴 수도 있다.

스크래치의 좌표 체계는 Pygame이나 여타 멀티미디어 소프트웨어의 좌표 체계와는 사뭇 다르다. 마치 수학 시간에 보던 좌표 체계 모형처럼 스크래치의 원점(0,0)은 화면 중앙에 있다. 그림 6-3에 보이는 것과 같이, 화면의 가시 영역은 좌표(-240, 180)부터 좌표(240, -180)까지다. 스프라이트는 무대 밖으로 나가더라도 정상적으로 작동한다. 스프

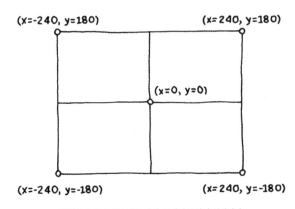

그림 6-3. 스크래치 좌표 체계. 무대의 중앙이 원점이다.

라이트의 현재 좌표를 확인하고 싶으면 스프라이트 목록에서 해당 스프라이트를 선택한다. 그러면 스크립트 영역 위에 좌표가 표시된다. 커서의 위치는 무대의 오른쪽 아래 표시된다.

6.3 모양과 소리

스프라이트를 선택하고 스크립트 영역 위를 보면 스크립트 탭 외에 모양(Costumes)과 소리(Sounds) 탭이 보일 것이다.

  모양은 마치 바꿔 입을 수 있는 의상과 같은 역할을 하는 이미지의 모음이다. 모양을 활용하면 반복적인 애니메이션을 만들거나 스프라이트의 다양한 상태(가령, 폭발하는 우주선의 모양 등)를 표현할 수 있다. 간단한 예로 눈을 깜박이는 스프라이트를 만들어 보자. 새로운 스프라이트 그리기(Paint New Sprite) 아이콘('새로운 스프라이트(New Sprite):'라고 표기된 곳에 있는 별과 붓이 그려진 아이콘)을 클릭해서 그림 편집기를 띄우고 아래의 그림과 같이 눈을 뜨고 있는 그림을 그린다. 그림을 다 그린 후에는 OK 버튼을 클릭한다.

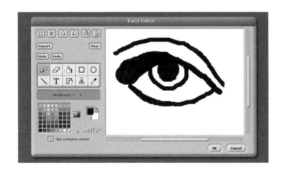

모양 탭을 선택하면 조금 전에 그린 그림이 보일 것이다. 모양의 이름을 open이라고 수정한다. 그 다음 복사(Copy) 버튼을 눌러서 눈 그림

을 복사한다. 편집(Edit)을 누른 뒤 복사된 모양에서 눈동자는 지우고 눈꺼풀을 그려 눈을 감은 모습을 그린다. 그림을 다 그린 뒤에는 OK를 클릭하고 모양의 이름을 shut으로 바꾼다.

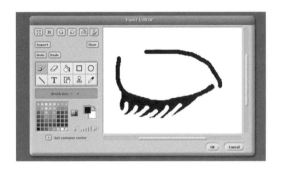

이제 스크립트 탭을 선택하고 아래의 그림과 같이 블록들을 조립하여 스프라이트가 1초마다 눈을 깜박이도록 스크립트를 완성한다.

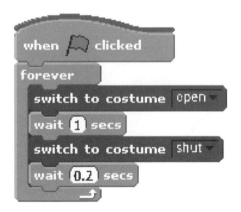

한편, 스프라이트에 소리 효과를 추가하려면 소리(Sounds) 탭을 이용한다. 녹음(Record) 버튼을 누르면 내장된 녹음기 툴이 실행된다. 툴이 뜨더라도 녹음을 하기 위해서는 외장 USB 사운드 카드나 마이크가

라즈베리 파이에 연결되어 있어야 한다. 녹음을 했다면 소리 파일의 이름을 지정한다. 소리 파일을 녹음하거나 불러왔다면 소리(Sound) 팔레트에 있는 '# 재생하기(play sound)' 블록이나 '끝까지 # 재생하기 (play sound until done)' 블록으로 소리를 재생할 수 있다.

6.4 본격적인 예제: 외계인 침입자 게임 만들기

외계인 침입자 게임은 침입해 오는 외계인의 우주선을 플레이어가 격추하는 게임이다. 플레이어가 행성을 방어하는 대포로 외계인을 맞추면 게임이 종료된다. 이 간단한 게임 만들어 보며 각각의 스프라이트들이 상호작용하는 스크립트를 작성하는 방법을 살펴보자.

먼저 '파일(File) → 새로 만들기(New)'를 클릭해서 새로운 문서를 연 뒤 '파일 → 다른 이름으로 저장(Save As)'을 클릭하여 문서를 저장한다. 이제 불필요한 스프라이트는 삭제하고, 필요한 스프라이트를 몇 개 추가하자. 스프라이트 목록에 있는 고양이를 마우스 오른쪽 버튼으로 클릭을 한 뒤 메뉴에서 '삭제(Delete)'를 선택한다. 다음에는 직접 스프라이트를 그리거나 아니면 이미지 파일을 로드하여 새로운 스프라이트를 추가한다. 이 책에서는 그림 6-4에 보이는 스프라이트들을 종이에 직접 손으로 그린 다음 PNG 파일로 스캔하여 로드했다.

새로 스프라이트를 만들면 바로 무대 위에 나타난다. 하지만 종종 스프라이트의 크기가 마음에 들지 않는 경우가 있을 것이다. 이런 경우에는 무대 바로 위에 있는 스프라이트 확대(Grow Sprite) 또는 스프라이트 축소(Shrink Sprite) 툴을 선택한 뒤 크기를 바꾸고 싶은 스프라이트를 계속 클릭한다. 한편, 스프라이트의 이름은 그림 6-4와 같이 바꾸도록 한다.

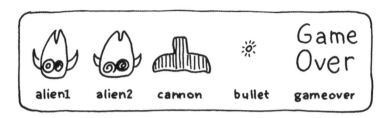

그림 6-4. 외계인 침입자 게임에 사용할 스프라이트 다섯 개

외계인과 대포는 두 가지 상태를 표시할 수 있어야 한다. 하나는 일반
적인 상태이고 다른 하나는 폭발하는 상태다. 이는 그림 6-5와 같이 각
상태에 대한 모양을 만들어서 처리한다.

그림 6-5. 스프라이트마다 두 개의 모양을 갖는다. 하나는 일반적인 상태를 보여 주는 모양이고 다른 하나는 폭
발 상태를 보여 주는 모양이다. 모양의 이름은 그림과 동일하게 설정한다.

각 스프라이트는 자기만의 스크립트를 갖게 되고 그에 따라 게임에서
취하는 행동들도 달라진다. 스프라이트가 취할 수 있는 행동 하나하나
는 개별적인 스크립트로 작성하여 보다 명확하게 스크립트가 구분될
수 있도록 한다. 스크립트는 개별적으로 작성한 상태라도 모두 동시에
실행될 수 있다.

첫 번째 외계인(alien1)부터 스크립트를 작성해 보자. 해당 스프라

이트를 선택한 뒤 스크립트 탭을 누르고 스크립트 영역에서 아래의 그림과 같이 블록들을 조립한다.

```
when 🏳 clicked
switch to costume alien ▾
go to x: -160 y: 185
show
```

이 스크립트를 실행하면 스프라이트를 상태로 모양으로 설정한 뒤 무대 위의 시작 위치로 이동시키고, 무대에서 스프라이트가 보이게 한다.
다음에는 아래의 블록들을 스크립트 영역으로 끌어와서 조립한다.

```
when 🏳 clicked
forever
  turn ↻ pick random -10 to 10 degrees
  move 5 steps
  if on edge, bounce
```

녹색 깃발을 클릭해서 스프라이트의 동작을 확인해 보면, 앞서 이 장에서 다뤘던 '상자 안의 고양이' 예제와 매우 비슷하게 움직인다는 것을 알 수 있다. 다만 이번에는 스프라이트가 세 개나 있기 때문에 스프라이트끼리 부딪히는 경우에 대비해야 한다. 만약 외계인끼리 부딪히면 90도씩 회전하여 서로 겹치지 않도록 한다.

```
when 🏴 clicked
forever
    if        touching alien2 ▼ ?
        turn ↻ 90 degrees
```

만약 외계인이 대포에 맞으면 폭발하도록 처리한다.

```
when 🏴 clicked
forever
    if        touching bullet ▼ ?
        switch to costume blast ▼
        repeat 10
            change whirl ▼ effect by 25
        clear graphic effects
        hide
        switch to costume alien ▼
        wait 3 secs
        go to x: pick random 1 to 250 y: 185
        show
```

외계인이 포탄에 맞아서 폭발하는 모습은 스프라이트의 모양을 폭발 (blast)로 바꾸고, 잠깐 동안 소용돌이(whirl) 효과를 보여 준 뒤, 숨기기(hide) 블록으로 스프라이트를 무대에서 감추어 사라지게 하는 방식으로 처리한다. 이후 일정한 시간이 지나면 외계인은 다시 무대 위쪽의 어딘가에 나타난다.

이로써 첫 번째 외계인의 스크립트를 완성했다. 두 번째 외계인 (alien2) 스프라이트는 첫 번째 외계인과 동일한 동작을 하므로 첫 번째 외계인의 스크립트를 두 번째 외계인에게 넘겨준다. 스프라이트의 코드를 넘겨주려면 해당 블록들을 드래그하여 스프라이트 목록에 있는 다른 외계인 스프라이트 위에 놓는다. 첫 번째 외계인의 나머지 블록들도 같은 요령으로 모두 넘겨준 다음 두 번째 외계인을 선택하고 시작하는 위치와 충돌 조건을 수정한다.

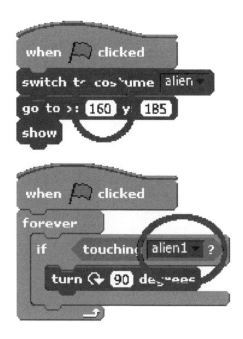

다음에는 대포(cannon) 스프라이트를 선택한다. 녹색 깃발을 클릭하면 대포 스프라이트는 일반적인 모양으로 설정되고, 시작 위치로 이동한 다음 무대 위에 나타난다.

```
when [flag] clicked
switch to costume [ cannon ▼ ]
go to x: (0) y: (-165)
show
```

대포는 왼쪽 화살표나 오른쪽 화살표 키보드로 조작하며 왼쪽이나 오른쪽으로 움직일 수 있도록 한다. 키보드로 움직임을 조종하는 코드는 아래와 같다.

```
when [flag] clicked
forever
    if < key [ left arrow ▼ ] pressed? >
        change x by (-10)
    if < key [ right arrow ▼ ] pressed? >
        change x by (10)
```

관찰(Sensing) 팔레트에 있는 '#에 닿기(touching)' 블록으로 대포가

124

첫 번째 외계인이나 두 번째 외계인에 닿는지 판단한다. 만약 닿았다면 외계인과 마찬가지로 대포가 폭발하도록 처리한다. 대포는 폭발한다음 무대에서 사라지고 게임 종료(GameOver) 메시지를 모든 스프라이트들에게 방송(broadcast)한다. 게임 오버(gameover) 스프라이트가이 메시지를 받으면 실행 중인 모든 스크립트를 종료시킨다.

```
when 🏳 clicked
forever
    if        touching alien1 ? or    touching alien2 ?
        switch to costume blast
        repeat 10
            change whirl effect by 25
        clear graphic effects
        hide
        broadcast GameOver
```

이번에는 탄환(bullet) 스프라이트를 선택하고 아래의 블록들을 추가하여 위치와 방향을 설정한다. 탄환은 스페이스 바를 누르기 전까지는무대에 나타나지 않도록 한다.

```
when 🏳 clicked
go to x: -240 y: -185
point in direction 0
hide
```

스페이스 바를 누르면 탄환은 현재 대포가 있는 위치에 나타나서 무대의 위쪽 가장자리에 닿을 때까지 위로 움직인다.

스페이스 바를 처리하는 블록은 아래와 같다.

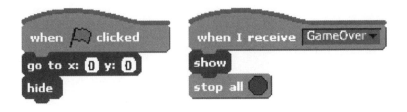

마지막으로 게임 오버(GameOver) 스프라이트의 스크립트를 작성한다. 이 스프라이트는 GameOver 메시지를 받기 전까지는 화면에 나타나지 않는다. 메시지를 받으면 화면에 나타나서 모든 스크립트를 멈춘다.

이로써 외계인 침입자 게임이 완성됐다.

6.5 스크래치와 피지컬 컴퓨팅

관찰 팔레트에 있는 블록들을 살펴보면 흥미로운 블록 두 개가 눈에 띈다. '# 센서 값(Sensor value)' 블록과 센서의 '# ?(sensor)' 블록이다. 이 블록들은 피코보드(PicoBoard)라는 외부 센서 보드로부터 데이터를 읽을 때 사용한다(그림 6-6). 피코보드에는 마이크로컨트롤러가 장착되어 있고 센서의 값을 읽어서 USB 케이블을 통해 스크래치에게 전달할 수 있다.

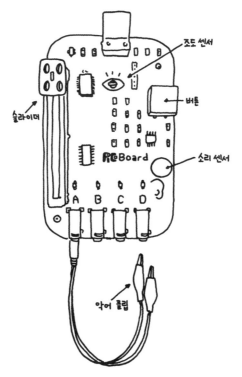

그림 6-6. 피코보드는 스크래치에서 사용할 수 있도록 디자인된 센서 액세서리다.

피코보드에는 조도 센서 한 개, 버튼 한 개, 슬라이더 한 개, 소리 센서 한 개 그리고 아날로그 입력장치 네 개를 연결할 수 있는 잭이 장착되어 있다. 보드와 함께 제공되는 특수한 악어 클립 장치를 사용하면 다양한 대상으로부터 아날로그 값을 측정해 올 수 있다.

피코보드가 센서의 값을 스크래치에게 전송할 때는 자체적인 피코보드 프로토콜을 사용한다. 한편, S4A(아두이노용 스크래치) 프로젝트 개발자들은 아두이노로 동일한 프로토콜을 구현하는 데 성공했다. 덕분에 S4A를 사용하면 아두이노 보드에 연결한 센서의 값을 읽을 수 있다. 단, S4A의 스크래치는 일반 버전이 아닌 특수 버전이므로 프로젝트 페이지에서 별도로 다운받아서 설치해야 한다(http://s4a.cat/).

6.6 프로그램 공유하기

스크래치의 정말 흥미로운 점 하나는 커뮤니티와 공유하는 기능이 내장되어 있다는 것이다. '무작위로 스프라이트 가져오기(Random Sprite 버튼 또는 Get Surprise Sprite 버튼)' 도구를 사용하면 무작위로 사용자의 컴퓨터에 내장된 스프라이트나 다른 사용자의 스프라이트를 불러올 수 있고, 공유(Share) 툴을 이용하면 자신의 프로그램을 패키지로 만들어서 MIT의 스크래치 프로젝트 페이지[1]에 업로드할 수도 있다. 이미 전세계의 120만 명 이상의 스크래치 사용자들이 280만 개 이상의 프로그램을 공유하고 있다.

많은 수의 프로젝트가 공유되는 이유 중 하나는 공유하기가 매우 쉽기 때문이다. 프로젝트를 공유하려면 먼저 scratch.mit.edu 사이트에서 계정을 만든다. 그 다음 스크래치의 공유(share) 메뉴에 있는 '프

---

1 MIT 스크래치 프로젝트 페이지 : http://scratch.mit.edu/

로젝트 온라인 공유…(Share This Project Online…)'를 눌러서 공유하기 창(그림 6-7)이 뜨면 계정 정보와 프로젝트 정보를 입력한 뒤 OK 버튼을 클릭하여 프로젝트를 업로드한다. 업로드 크기는 10MB로 제한되어 있으므로 용량이 큰 이미지나 사운드 파일은 사전에 압축해 두는 것이 좋다(편집 메뉴를 열어 보면 압축하기 옵션이 있다). 스크래치 프로젝트 페이지를 방문하면 스크래치의 다양한 가능성을 확인할 수 있으며 영감도 얻을 수 있을 것이다.

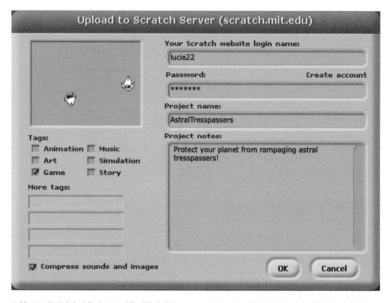

그림 6-7. 무엇인가 마음에 드는 것을 만들었다면 MIT 스크래치 사이트에 공유하여 다른 사용자들과 함께 나눠보자. 내장된 공유 툴을 사용하면 쉽게 업로드 하여 공유할 수 있다. 단, 웹 사이트에는 플래시가 포함되어 있어서 라즈베리 파이에서는 직접 사이트를 이용할 수 없다.

6.7 더 알아보기

스크래치 위키

스크래치에 대한 참조 문헌들이 있는 MIT의 자료보관소. (http://
wiki.scratch.mit.edu/wiki/Scratch_Wiki)

MIT의 스크래치 페이지

스크래치의 커뮤니티 사이트. 말 그대로 수 백만 건의 프로젝트와
사용자가 등록되어 있다. (http://scratch.mit.edu/)

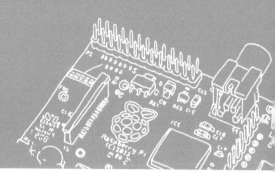

7
아두이노와 파이

앞으로 자세하게 살펴보겠지만, 라즈베리 파이는 GPIO 핀으로 센서의 값을 읽거나 LED를 깜박거릴 수 있고, 나아가 모터도 구동할 수 있다. 나아가 아두이노 마이크로컨트롤러 개발 플랫폼을 사용하는 방법도 알고 있다면 라즈베리 파이와 병용하여 훨씬 다양한 상보적인 작업을 진행할 수 있게 된다.

라즈베리 파이가 처음 발표되었을 때, 많은 사람들은 라즈베리 파이가 아두이노의 영역을 잠식하게 되는 것은 아닌지에 대해 주목했다. 아두이노와 가격은 거의 비슷한데 처리 능력이 훨씬 뛰어나다면 라즈베리 파이 대신 굳이 아두이노를 사용할 필요가 있을까? 그러나 결과적으로 두 플랫폼은 상보적인 관계로 정리되었다. 라즈베리 파이는 아두이노의 부족한 부분을 제대로 메워주는 역할을 한다. 아두이노와 라즈베리 파이를 함께 사용하면 여러 가지 이점을 얻을 수 있는데, 그 대표적인 경우는 아래와 같다.

· 일단 아두이노는 공유할 수 있는 라이브러리나 예제를 풍부하게 갖추고 있다.

- 이미 완성해서 잘 작동하고 있는 아두이노 프로젝트가 있지만 처리 능력을 더 보강하고 싶은 경우에는 라즈베리 파이를 사용하여 효과를 볼 수 있다. 가령, 기존 프로젝트에서는 MIDI 컨트롤러를 신시사이저에 연결해서 사용했지만, 파이를 사용하면 직접 소리를 합성하도록 업그레이드할 수 있다.
- 논리 레벨이 5V인 장치를 다룰 경우에는 아두이노와 함께 사용하는 것이 좋다. 라즈베리 파이는 3.3V에서 작동하기 때문에 5V 장치를 핀에 직접 연결하는 일은 위험한 행위다.
- 안전 범위를 벗어난 전기를 사용하며 프로토타입을 제작하는 상황에서는 칩이 망가지기 쉽다. 어떤 학생은 아두이노의 입출력 핀에 모터를 직접 연결(모터는 아두이노에 직접 연결하지 않도록 한다)해서 구동하려다가 그만 칩을 태워버렸다. 그나마 다행인 것은 그 학생은 망가진 칩만 교체(약 10달러의 비용이 발생했다)해서 아두이노를 다시 사용할 수 있게 되었다. 하지만 라즈베리 파이는 칩이 망가지면 되살릴 수 없다.
- 3D 프린터 제어기와 같이 실시간으로 정확하게 제어해야 하는 프로젝트를 진행하는 경우에는 아두이노가 유용하다. 4장에서 보았듯이, 라즈비안은 실시간 운영체제가 아니다. 그리고 라즈베리 파이의 프로그램들은 마이크로컨트롤러에서처럼 '클록 사이클당 명령'을 엄격하게 준수하지도 않는다.

이 장에서는 독자가 아두이노 개발 보드 및 아두이노의 통합 개발 환경(IDE)에 대한 최소한의 기초 지식이 있다는 전제 하에 예제들을 설명한다. 만약 아두이노에 대해 잘 모른다면 마시모 밴지(Masimo Banzi)가 지은 『손에 잡히는 아두이노』를 먼저 읽어 보자. 아두이노 홈페이지에 있는 공식 자습서[1]도 양질의 내용을 갖추고 있다. 또한 잘 작동하는 예제 코드도 풍부하게 공유하고 있어서 손쉽게 복사해서 시험해 볼 수 있다.

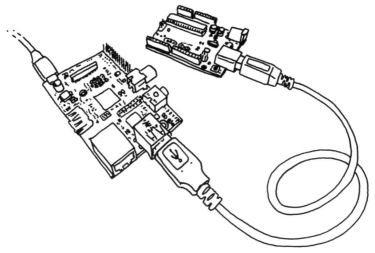

그림 7-1. 아두이노와 라즈베리 파이는 BFF(Best Friends Forever)다.

7.1 라즈비안에 아두이노 설치하기

아두이노 개발 보드를 프로그래밍하려면 먼저 USB 케이블로 컴퓨터에 보드를 연결한 다음, 컴퓨터의 아두이노 IDE에서 프로그램을 컴파일하고 보드에 업로드해야 한다. 이때 사용하는 컴퓨터는 어떤 종류든 상관없다. 심지어 라즈베리 파이에서도 아두이노 스케치를 작성해서 보드에 업로드할 수 있다.

라즈베리 파이에서 직접 아두이노를 프로그래밍하면 노트북이나 데스크톱을 오가며 작업하는 것보다 디버깅은 빠르게 할 수 있지만, 컴파일은 조금 느릴 수 있다. 하지만 큰 지장이 있을 정도는 아니다. 또한 아

1   http://arduino.cc/en/Tutorial/HomePage

두이노는 스케치에서 새로 수정한 부분만 컴파일하기 때문에 처음 컴파일 할 때보다 두 번째 컴파일을 할 때 시간이 훨씬 단축된다.

라즈베리 파이에 아두이노 IDE를 설치하려면 명령어 입력 창에 아래와 같이 입력한다.

```
$ sudo apt-get update ❶
$ sudo apt-get install arduino ❷
```

❶ 최신 패키지 목록으로 업데이트한다.
❷ 아두이노 패키지를 다운로드 한다.

명령을 실행하면 자바 외에 여러 가지 관련 파일들이 설치된다. 설치가 끝난 뒤 프로그램 메뉴의 Electronics 섹션을 열어 보면 아두이노가 설치되어 있는 것을 확인할 수 있다(아직은 아두이노를 실행하지 않는다).

라즈베리 파이를 헤드리스(Headless) 상태로 실행하고 있다면 아두이노를 라즈베리 파이의 USB 포트 아무 곳에나 연결한다. 만약 USB 포트에 여분이 없다면 USB 허브를 추가로 연결해야 한다. 아두이노는 라즈베리 파이의 USB 포트에서 제공하는 전원으로도 잘 작동한다. 하지만 아두이노에 별도의 전원 장치를 연결하여 여분의 전력을 확보해 두면 더욱 안전하게 사용할 수 있다.

> 💣 아두이노는 라즈베리 파이가 부팅을 완료한 다음에 연결하도록 한다. 라즈베리 파이는 부팅할 때 USB에 연결된 모든 장치들을 파악하는 단계를 거치는데, 만약 아두이노가 USB 포트에 연결되어 모종의 작동을 하고 있다면 라즈베리 파이가 장치를 파악하는 도중 멈춰버릴 수도 있다.

아두이노 IDE는 실행될 때마다 시스템의 모든 USB 장치들을 확인해서 'Tools → Serial Port' 메뉴에 목록을 표시한다. 아두이노가 시리얼 포트를 확인하려면 먼저 사용자 pi가 적절한 권한을 갖고 있어야 한다. 최신 운영체제에서는 사용자 pi가 이미 적절한 권한을 갖고 있다. 하지만 구 버전의 운영체제를 사용하고 있거나 시리얼 포트에 접근할 수 없다면 사용자 pi를 tty와 dialout 그룹에 추가하여 적절한 권한을 얻어야 한다. 이 작업은 아두이노 IDE를 실행하기 전에 먼저 처리한다.

```
sudo usermod ❶ -a -G ❷ tty pi
sudo usermod -a -G dialout pi
```

❶ usermod 는 사용자를 관리하는 리눅스 프로그램이다.

❷ -a -G 는 사용자(pi)를 특정한 그룹(tty와 dialout)에 포함시킨다.

이제 아두이노를 실행해도 된다. 'Tools → Serial Port'를 클릭하고 아두이노가 연결된 시리얼 포트(대개의 경우 /dev/ttyACM0)를 선택한다. 그 다음 다시 'Tools → Board'에서 파이에 연결된 아두이노 보드의 종류(가령, Uno)를 선택한다. 'File → Examples → 01.Basics → Blink'를 클릭하여 기본 예제 blink를 연다. 예제를 연 후에는 툴바의 Upload 버튼이나 'File → Upload'를 선택해서 스케치를 업로드한다. 업로드가 끝나면 아두이노의 LED가 깜빡이는 것을 볼 수 있다.

시리얼 포트 찾기

만약 /dev/ttyACM0 포트를 통해 스케치가 업로드되지 않는다면 포트의 상태를 살펴볼 필요가 있다. 아두이노의 Serial Port 메뉴에서 연결된 포트를 확인하는 대신 명령어 인터페이스를 통해 시스템의 포트를 확인해 보려면, 일단 아두이노를 파이에서 분리한 뒤 명령어 입력 창에 아래와 같이 입력한다.

```
ls /dev/tty*
```

그 다음 아두이노를 라즈베리 파이에 연결하고 다시 위 명령을 입력해서 변동 사항을 확인한다. 아두이노를 연결하지 않았을 때는 목록의 끄트머리에 /dev/ttyAMA0(보드에 내장된 USB 허브)와 /dev/ttyprintk가 보인다. 하지만 아두이노를 연결하고 똑같은 명령을 실행하면 /dev/ttyACM0까지 목록에 나타난다.

사용자 경험 개선하기

이런저런 설정을 하는 동안, 아두이노 편집기의 기본 글꼴이 그다지 보기 좋은 편이 아니라는 사실을 깨달았을 것이다. 아두이노의 글꼴 문제는 오픈 소스 글꼴인 Inconsolata를 다운로드 하여 개선할 수 있다. 명령어 입력 창에 아래와 같이 입력하여 설치한다.

```
$ sudo apt-get install ttf-inconsolata
```

그 다음 nano 편집기로 아두이노의 환경 설정 파일을 연다.

```
$ nano ~/.arduino/preferences.txt
```

설정 파일에서 아래의 행을 찾아 수정한다.

```
editor.font=Inconsolata,medium,14
editor.antialias=true
```

아두이노를 다시 시작하자. 편집기에 새로운 글꼴이 적용되어 있는 것을 확인할 수 있을 것이다.

7.2 시리얼 통신

라즈베리 파이와 아두이노가 서로 시리얼 통신을 하려면 아두이노는

자체적으로 내장하고 있는 시리얼 라이브러리를 이용하면 되고, 라즈
베리 파이는 파이썬의 pySerial 모듈을 이용해야 한다. 최신 라즈비안
운영체제에는 이미 시리얼 모듈이 설치되어 있다. 구 버전의 운영체제
를 사용하고 있거나 시리얼 모듈이 설치되어 있지 않다면 아래와 같이
설치한다. 이미 시리얼 모듈이 설치되어 있을 때 추가로 설치한다고
해서 문제가 되지는 않는다.

```
$ sudo apt-get install python-serial python3-serial
```

아두이노 IDE를 열고 아래의 스케치를 작성한 뒤 업로드한다.

```
void setup() {
    Serial.begin(9600);
}

void loop() {
    for (byte n = 0; n < 255; n++) {
        Serial.write(n);
        delay(50);
    }
}
```

이 스케치는 0부터 시작하여 1씩 커지는 숫자를 시리얼 포트로 하나씩
전송한다.

> 🖊 아두이노의 Serial.write() 함수는 숫자를 있는 그대로 보낸다. 만약, 숫자
> 123을 '백 이십 삼'이 아니라 '일이삼'이라는 의미로 전송하고 싶다면 Serial.
> print() 함수를 사용한다.

이제 파이썬을 사용해서 아두이노 보드가 전송하는 데이터를 읽어야
한다. 그러려면 먼저 아두이노가 어떤 USB 시리얼 포트에 연결되어
있는지 알아야 한다(아두이노가 연결된 시리얼 포트를 확인하는 방법

은 135쪽의 '시리얼 포트 찾기'를 참고한다). 아래의 파이썬 스크립트를 실행해서 데이터를 읽어 보자. 만약 아두이노가 /dev/ttyACM0 포트 외에 다른 곳에 연결되어 있다면 포트의 값을 적절하게 수정한다 (파이썬 스크립트에 대해서는 75쪽 '파이썬에 대해 조금 더 알아보기'를 참고한다). 아래의 스크립트를 SerialEcho.py로 저장하고 python SerialEcho.py 명령으로 실행한다.

```
import serial
port = "/dev/ttyACM0"
serialFromArduino = serial.Serial(port,9600) ❶
serialFromArduino.flushInput() ❷
while True:
    if (serialFromArduino.inWaiting() > 0):
        input = serialFromArduino.read(1) ❸
        print(ord(input)) ❹
```

❶ 아두이노가 연결된 시리얼 포트를 연다.

❷ 입력 버퍼를 비운다.

❸ 시리얼 버퍼에서 바이트 하나를 읽는다.

❹ 읽은 바이트를 ord() 함수를 사용하여 숫자로 바꾼다.

> 🖉 파이썬이 시리얼 포트를 열어 둔 상태에서는 아두이노에 스케치를 업로드할 수 없다. 따라서 스케치를 다시 업로드하려면 먼저 Ctrl-C를 눌러서 파이썬 프로그램을 종료해야 한다. 아두이노 레오나르도나 아두이노 마이크로는 파이썬을 종료하지 않고도 스케치를 업로드할 수 있지만, 그런 경우에도 파이썬 스크립트의 연결은 끊어지므로 다시 실행해야 하는 것은 마찬가지다.

아두이노가 숫자를 하나씩 보내면 파이썬 스크립트는 그 숫자를 받아 문자열로 해석한다. 파이썬이 수신한 숫자가 무엇이든지 간에 input

변수에는 그 숫자에 상응하는 ASCII 표[2]의 문자가 저장된다. 이해를 돕기 위해 파이썬 스크립트의 마지막 행을 아래와 같이 수정하고 결과를 확인해 보자.

```
print(str(ord(input)) + " = the ASCII character ", input)
```

매개변수로 시리얼 포트 설정하기

명령어 인터페이스에서 포트를 매개변수로 지정하려면 sys 모듈을 사용해서 두 번째 매개변수를 가져온다.

```
import serial, sys

if (len(sys.argv) != 2):
    print("Usage: python ReadSerial.py port")
    sys.exit()
port = sys.argv[1]
```

스크립트를 수정했다면 프로그램을 실행할 때 아래와 같이 매개변수로 포트를 설정할 수 있다.

```
$ python SerialEcho.py /dev/ttyACM0
```

처음에 살펴본 간단한 예제에서는 한 번에 하나의 바이트만 전송했다. 만약 프로젝트가 아두이노에서 일련의 이벤트 코드를 전송하는 구조라면 별로 문제될 것이 없다. 가령, 왼쪽 버튼을 누르면 1을 전송하고, 오른쪽 버튼을 누르면 2를 전송하는 경우라면 앞의 예제로도 충분하다. 하지만 이벤트의 수가 255개 이상이라면 문제가 생긴다. 뿐만 아니라 무작위로 변하는 크거나 작은 숫자를 전송하거나 문자열을 사용해야 할 때도 문제가 생긴다. 예를 들어 아두이노가 아날로그 센서의

---

2 http://en.wikipedia.org/wiki/ASCII

값을 읽어서 전송하는 경우에는 숫자의 범위가 0부터 1023까지 늘어나서 문제가 된다.

다른 언어에서는 한 번에 한 바이트씩 들어오는 임의의 숫자를 분석하고 처리하는 일이 생각보다 까다로울 수 있다. 하지만 파이썬과 pySerial은 이러한 작업을 매우 수월하게 처리할 수 있도록 해준다. 간단한 예제를 통해 확인해 보자. 먼저 아두이노의 스케치를 아래와 같이 수정해서 0부터 1024 사이의 값을 전송한다.

```
void setup() {
    Serial.begin(9600);
}

void loop() {
    for (int n = 0; n < 1024; n++)
        Serial.println(n, DEC);
        delay(50);
    }
}
```

여기서 주목해야 할 부분은 println() 명령이다. 앞의 예제에서는 시리얼 포트로 숫자를 전송할 때 Serial.write() 함수를 사용했다. write() 함수가 원래 숫자를 전송하지만, println() 함수는 숫자를 10진수의 문자열로 바꾸고 문자열의 각 글자에 해당하는 ASCII 코드를 전송한다. 즉, 원래 숫자 254 대신 문자열 "254\r\n"를 전송한다. \r은 복귀 문자(Carriage return)를, 그리고 \n은 개행 문자(Newline)를 의미한다(이는 타자기에서 컴퓨터로 이어진 개념이다. 복귀 문자는 커서를 행의 가장 왼쪽으로 이동시키고, 개행 문자는 커서를 아래 행으로 이동시킨다).

파이썬에서는 read() 대신 readline()을 사용한다. 그러면 복귀 문자와 개행 문자가 나올 때까지 모든 문자를 읽는다. 파이썬에는 다양한 데이터 유형이나 문자열을 상호 변환할 수 있도록 도와주는 유연한 함수들이 많이 있다. 가령, int() 함수를 사용하면 손쉽게 문자열 데이터를 정수 데이터로 바꿀 수 있다.

```python
import serial

port = "/dev/ttyACM0"
serialFromArduino = serial.Serial(port,9600)
serialFromArduino.flushInput()
while True:
    input = serialFromArduino.readline() ❶
    inputAsInteger = int(input) ❷
    print(inputAsInteger * 10) ❸
```

❶ 읽어 들인 문자열 전체를 input 변수에 할당한다.

❷ 정수로 변환한다.

❸ 출력한다. 단, 정말 숫자로 변환됐는지 확인하기 위해 10을 곱해 본다.

이 예제는 다양한 상황에 대응할 수 있도록 작성됐다. 덕분에 아두이노가 아날로그 값을 보내더라도 문제 없이 처리할 수 있다. 아두이노 스케치를 아래와 같이 수정하여 아날로그 핀을 읽도록 변경하자.

```c
void setup() {
    vvSerial.begin(9600);
}

void loop() {
    int n = analogRead(A0);
    Serial.println(n, DEC);
    delay(100);
}
```

만약 파이썬 스크립트가 inputAsInteger * 10 대신 inputAsInteger를 출력하도록 수정되어 있고, 아두이노의 아날로그 0번 핀에는 아무런 센서도 연결되어 있지 않다면 대략 200 내외의 범위에서 들쭉날쭉하게 변하는 값이 출력될 것이다. 점퍼 선으로 아두이노의 아날로그 0번 핀과 GND를 연결하면 값은 0으로 떨어질 것이다. 3V3 핀에 점퍼 선을 연결하면 대략 715 내외의 값이 출력되고 5V 핀에 연결하면 1023이 출력될 것이다.

7.3 퍼마타 사용하기

앞으로 수많은 프로젝트를 진행하게 될 것이다. 진행하는 프로젝트는 서로 다르더라도 통신과 관련된 기본적인 코드들은 비슷비슷하게 사용된다. 다만 대부분의 통신 관련 프로젝트들이 그러하듯, 기초 단계를 넘어서면 까다로워지는 일들이 부쩍 늘어나기 마련이다. 무엇보다도 프로토콜을 설계해야(또는 적절한 기존의 프로토콜을 찾아야) 하는 일이 그렇다. 메시지를 서로 원활히 주고받으려면 양측이 사전에 최소한의 약속, 즉 프로토콜을 만들어야 한다.

이럴 때 아두이노에 내장된 한스 크리스토프 슈타이너(Hans-Christoph Steiner)의 퍼마타((Firmata)[3]는 매우 훌륭한 해결책이 될 수 있다. 퍼마타는 다목적으로 사용할 수 있는 시리얼 프로토콜이며 사람이 읽기도 쉽다. 그렇다고 해서 모든 응용프로그램에서 사용할 수 있는 만능 프로토콜이라고 볼 순 없지만, 좋은 출발점이 될 수는 있다. 아래의 간단한 예제를 보도록 하자.

1. 아두이노의 'File → Examples → Firmata → StandardFirmata'를 선택하면 표준 퍼마타 코드가 열린다. 이 스케치를 사용하면 다른 소프트웨어가 아두이노와 메시지를 주고받을 수 있으며 모든 핀의 정보를 얻어올 수도 있다.

---

3 http://arduino.cc/en/Reference/Firmata

2. 앞의 예제에서 했던 것과 동일한 요령으로 아두이노에 퍼마타 코드를 업로드한다.

3. 이제 라즈베리 파이에서 파이썬 코드를 조금 작성하고, 아두이노에게 명령을 보내 필요한 데이터를 요청하거나 아두이노의 상태를 바꿀 수 있다. 가장 손쉬운 방법은 pyFirmata 모듈을 사용하는 것이다. pip를 사용하여(84쪽에 있는 'pip를 이용하여 모듈을 쉽게 설치하기' 참고) 모듈을 설치한다.

```
$ sudo pip install pyfirmata
```

4. 퍼마타는 시리얼 프로토콜이기 때문에 파이썬과 아두이노가 통신하는 방식은 이전의 예제들과 유사하다. 다른 것이 있다면 pySerial 대신 pyFirmata를 사용하는 것뿐이다. write() 함수를 사용하면 아두이노의 디지털 핀을 HIGH나 LOW로 바꿀 수 있다.

```
from pyfirmata import Arduino
from time import sleep
board = Arduino('/dev/ttyACM0')
while (1):
    board.digital[13].write(1)
    print("on")
    sleep(1)
    board.digital[13].write(0)
    print("off")
    sleep(1)
```

이 코드를 실행하면 아두이노 Uno 보드의 13번 핀에 연결된 LED가 깜빡이기 시작한다. 모듈에 대한 설명서는 pyFirmata의 깃허브 페이지[4]에 잘 정리되어 있다.

---

4 https://github.com/tino/pyFirmata

7.4 더 알아보기

시리얼 프로토콜에 대한 상세한 논의는 이 책의 범위를 벗어난다. 아두이노 홈페이지의 플레이그라운드에 있는 'Interfacing with Software' 섹션을 보면 다른 지혜로운 사용자들이 제시해 놓은 풍부한 예제들이 나와 있다. 추가적으로 아래의 내용도 참고하기 바란다.

미디

만약 프로젝트가 음악과 관련이 있다면 미디(MIDI) 명령을 시리얼 프로토콜로 사용하는 방법도 고려하기 바란다. 미디는 (기본적으로) 단지 시리얼 통신일 뿐이므로, 따라서 사용하는 데 문제가 없을 것이다.

아두이노 호환용 라즈베리 파이 실드

라즈베리 파이의 GPIO 핀들을 아두이노 호환 마이크로컨트롤러 보드와 연결해 주는 보조 기판(또는 실드)들이 시중에 출시되어 있다. 그중 와이올룸(WyoLum)의 알라모드(ALaMode) 실드[5]는 실시간 클록 기능까지 제공하는 주목할 만한 제품이다.

네트워크 통신

언젠가는 시리얼 통신을 넘어서 네트워크를 통해 아두이노와 통신하는 단계까지 나아가게 될 것이다. 네트워크 통신을 이용한 프로젝트 중에는 웹 소켓 프로토콜이나 Node.js 자바스크립트 플랫폼을 사용한 흥미로운 프로젝트들이 많이 있다. 관련 기술에 대해 알아보려면 우선 노두이노 프로젝트부터 살펴보자.[6]

---

5 http://baldwisdom.com/projects/alamode/
6 https://github.com/Stavros/noduino

라즈베리 파이의 헤더에는 여러 개의 입출력 핀이 달려 있는데, 그 중 핀 두 개는 USB 포트를 거치지 않고 직접 시리얼 데이터를 주고 받을 수 있다. 이 핀들을 사용하려면 먼저 9장 '파이썬으로 입력과 출력 프로그래밍하기'를 확인하자. 한편, 표준 아두이노와 통신할 때는 아두이노의 5V 핀들 때문에 라즈베리 파이의 3.3V 핀들이 망 가지지 않도록 레벨 시프터를 준비해서 라즈베리 파이를 보호해야 한다.

추가로 물리적 장치들의 통신에 관심이 있다면 톰 아이고(Tom Igoe)의 『재잘재잘 피지컬 컴퓨팅 DIY』(황주선·김현규 옮김, 인사이트, 2013)를 살펴보자.

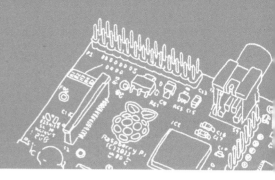

8

입력과 출력

라즈베리 파이는 한마디로 말하면 매우 저렴한 리눅스 컴퓨터다. 하지만 라즈베리 파이에는, 우리가 일상적으로 이메일을 작성하거나 웹 서핑을 하고 워드로 문서를 작성하는 노트북이나 데스크톱 컴퓨터와는 다른 몇 가지 중요한 차이점이 있다. 그중 하나가 바로 라즈베리 파이 보드에 장착된 범용 입출력 핀이다. 이 핀 덕분에 파이는 전자부품을 사용하는 프로젝트에도 직접 사용할 수 있다. 파이의 범용 입출력 핀은 그림 8-1에 보이는 것과 같다.

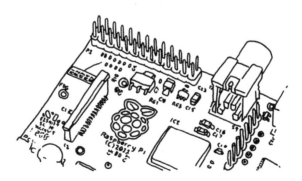

그림 8-1. 라즈베리 파이의 GPIO 핀

GPIO 핀을 사용하면 LED, 모터 그리고 릴레이와 같은 하드웨어를 제어할 수 있다. 이들은 모두 출력장치들이다. 물론 입력장치들도 연결해서 사용할 수 있다. 버튼, 스위치, 다이얼과 같은 부품들의 전기적 상태나 온도, 빛, 동작, 근접 센서들의 값을 읽을 수 있다. 이외에도 파이에 연결할 수 있는 장치들은 수없이 많다.

> ✏️ 라즈베리 파이에는 아날로그 입력 핀이 없다. 따라서 빛이나 온도를 검출하는 아날로그 센서는 라즈베리 파이에서 제 기능을 십분 다 발휘할 수 없으며 이는 파이의 큰 단점이기도 하다. 하지만 칩 형태의 ADC(Analog to Digital Converter)를 사용하면 이 단점을 극복할 수 있다. ADC 사용 방법은 10장 '아날로그 입력과 출력'에서 다룬다.

GPIO 핀을 장착하고 있는 컴퓨터의 가장 큰 장점은, 입력장치로부터 데이터를 읽어서 다양한 상황에 대응할 수 있는 출력장치 제어 프로그램을 마치 데스크톱 컴퓨터용 프로그램을 작성하듯이 수월하게 작성할 수 있다는 점이다. 물론, 일반적인 마이크로컨트롤러들도 프로그램으로 제어 가능한 GPIO 핀을 장착하고 있다. 하지만 라즈베리 파이는 GPIO 핀 외에도 키보드, 마우스, 모니터, 이더넷 포트 등과 같은 입출력 인터페이스를 더 장착하고 있다. 아두이노와 같은 마이크로컨트롤러 보드로 전자장치를 활용하는 프로젝트를 진행해 보았다면 라즈베리 파이를 사용함으로써 입력 및 출력 인터페이스가 더욱 확장될 수 있다는 점을 쉽게 알 수 있을 것이다. 더군다나 추가 인터페이스들은 모두 내장되어 있다. 덕분에 이리저리 너저분하게 전선을 연결하거나 복잡한 회로를 새로 꾸밀 필요가 없다.

라즈베리 파이를 사용하면 다른 마이크로콘트롤러에서는 사용하기 까다로운 키보드, 마우스 그리고 모니터를 쉽게 활용할 수 있지만 이 외에도 몇 가지 이점이 더 있다. 라즈베리 파이를 전자장치 프로젝트에 사용했을 때 특별히 얻을 수 있는 이점은 다음과 같다.

파일시스템

라즈베리 파이는 리눅스 파일시스템상에서 데이터를 읽거나 쓸 수 있다. 덕분에 수많은 프로젝트를 쉽게 진행할 수 있다. 가령, 온도 센서를 라즈베리 파이에 연결해서 1초에 한 번씩 온도를 읽는다고 하자. 매번 온도를 읽을 때마다 로그 파일에 데이터를 추가로 기록해 두면 어디서나 쉽게 자료 파일을 다운로드 하여 그래픽 프로그램으로 데이터를 시각화할 수 있다. 심지어는 라즈베리 파이 자체에서 데이터를 시각화할 수도 있다.

리눅스 툴

라즈베리 파이용 리눅스 배포판에는 핵심적인 명령어 인터페이스 유틸리티들이 포함되어 있어서 파일을 다루거나 프로세스를 제어하고 수많은 일들을 자동화할 수 있다. 사용자는 이 강력한 툴들을 자신의 프로젝트에 맞게 얼마든지 활용할 수 있다. 뿐만 아니라 능숙한 리눅스 사용자 커뮤니티 또한 방대하기 때문에 간단한 웹 검색만으로도 필요한 도움을 받을 수 있다. 스택오버플로(StackOverflow)를 방문하면 일반적인 리눅스 관련 문제에 대한 풍부한 정보를 얻을 수 있다. 그리고 라즈베리 파이에 특화된 문제가 있다면 라즈베리 파이 포럼[1]이나 스택오버플로의 라즈베리 파이 섹션을 참고해도 된다.[2]

---

1 http://www.raspberrypi.org/forums/
2 http://raspberrypi.stackexchange.com/

언어

라즈베리 파이에서 사용할 수 있는 프로그래밍 언어는 수없이 많다. 그리고 라즈베리 파이와 같은 리눅스 임베디드 시스템은 사용자가 자신에게 익숙한 언어를 선택할 수 있는 유연한 하드웨어다. 이 책의 예제들은 셸 스크립트와 파이썬으로 작성되어 있지만 사용자에 따라 C나 자바 아니면 펄 등과 같은 언어로도 쉽게 바꿔서 사용할 수 있다.

8.1 입력과 출력 사용하기

기본적인 입출력 예제들을 실습하려면 라즈베리 파이 외에 몇 가지 부품이나 장비가 더 필요하다. 이러한 부품들은 라디오셰크와 같은 전자부품 매장에서 구해도 되고 또는 메이커 셰드, 스파크펀, 에이다프루트, 마우저 또는 디지-키 같은 온라인 매장에서 주문해도 된다(부품 구입처는 1장 '시작하기'를 참고한다). 준비해야 할 기본적인 부품들은 아래와 같다.[3]

- 브레드보드
- LED: 빨강 5mm, 초록 5mm, 노랑 5mm
- M-M 점퍼 선[4]
- F-M 점퍼 선[5]
- 푸시 버튼 스위치
- 저항: 220옴, 10K옴, 퍼텐쇼미터(10K)

---

3 (옮긴이) 부품 국내 구입처 링크는 http://insightbook.co.kr/29971에서 확인할 수 있다.
4 (옮긴이) 점퍼 선 양 끝에 금속 핀이 노출된 M(수놈)-M(수놈) 타입을 사용한다.
5 (옮긴이) 점퍼 선 한 쪽 끝에는 소켓이 부착되어 있고, 다른 끝에는 금속 핀이 노출되어 있는 F(암놈)-M(수놈) 타입을 사용한다. M-M 점퍼 선만큼 일반적이지는 않지만 라즈베리 파이의 GPIO 핀과 브레드보드를 연결하려면 꼭 필요하다.

에이다프루트의 코블러 브레이크아웃 키트(Cobbler Breakout Kit)를 사용하면 라즈베리 파이와 브레드보드의 부품들을 보다 쉽게 연결할 수 있고, F-M 점퍼 선들을 대체할 수 있다. 키트는 조립되지 않은 상태로 배송되기 때문에 직접 보드에 부품들을 납땜해야 한다. 하지만 납땜하기는 어렵지 않고, 에이다프루트에서 제공하는 안내 문서에 납땜하는 과정이 단계별로 쉽게 소개되어 있어 실수할까 염려하지 않아도 된다.[6] 메이크에서 출시한 라즈베리 파이 스타터 키트에는 코블러 브라이크아웃 키트 외에 라즈베리 파이와 앞서 언급한 실습용 부품들도 포함되어 있다.[7]

그림 8-2는 기본 GPIO 신호 번호에 따라 각 핀에 붙여진 이름을 보여 준 것이다. 명령을 실행하거나 코드를 작성하며 특정한 핀을 지칭해야 하는 경우에는 그림에 보이는 이름을 호출한다. 이름이 명시되지 않은 핀들은 입출력 용도가 아닌 다른 쓰임새에 사용되도록 예약되어 있다.

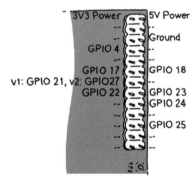

그림 8-2. 라즈베리 파이의 기본 GPIO 핀. 라즈베리 파이 1 모델 B의 버전2부터는 GPIO 21번 핀의 이름이 27번으로 바뀌었다. 한편, 파이 1 모델 B+에는 그림에 보이는 핀들 아래에 몇 개의 핀이 더 추가되었다. 하지만 26번 핀까지의 핀 번호는 파이 1 모델 B의 버전 2와 동일하다. 라즈베리 파이 2 모델 B의 핀 배치는 파이 1 모델 B+와 같다.

6 https://learn.adafruit.com/adafruit-pi-cobbler-kit/overview
7 (옮긴이) 국내에서는 늘솜에서 NS-GPIO-P-02(http://eleparts.co.kr/EPXDJHT8, http://www.devicemart.co.kr/goods/view.php?seq=1153255)라는 확장보드를 출시했다.

그림 8-2에 보이는 핀 중 하나는 GPIO 핀 번호가 두 개다. 라즈베리 파이 1 모델 B의 버전 2에서는 GPIO 21번 핀의 이름이 27번으로 바뀌었다. 현재 사용자가 갖고 있는 보드의 버전을 확인하려면 명령어 인터페이스에서 cat /proc/cpuinfo라고 입력해 보자. 만약 Revision(수정 버전) 항목의 번호가 0002 또는 0003이라면 그 보드는 버전 1에 해당한다. 그보다 번호가 높거나 글자가 포함되어 있다면 이후에 출시된 버전의 보드이며, 라즈베리 파이 2의 경우 a21041과 같은 형식의 Revision 번호를 갖고 있다. 한편, 라즈베리 파이 2 모델 B와 파이 1 모델 B+는 40개의 핀을 장착하고 있다. 이 책에서는 그중 그림에 보이는 핀만 사용하며, 이 핀들은 신형 파이 2와 파이 1 보드 모두 호환된다.

디지털 출력: LED 켜기

LED, 즉 발광다이오드(Light Emitting Diode)는 가장 쉽게 GPIO 출력 핀을 시험해 볼 수 있는 부품이다. 라즈베리 파이에 LED를 연결한 다음에는 리눅스 명령어 인터페이스를 통해서 켜거나 끌 수 있다. 일단 LED를 제어하는 명령을 이해하고 나면 이메일이 도착했다고 알려 주거나 집을 나설 때 우산을 챙기라는 안내를 표시하거나 또는 취침 시간 등을 표시하는 LED 프로젝트에 한 발 더 다가설 수 있게 된다. 뿐만 아니라 기본적인 LED 사용 단계를 넘어, 일정한 시간이 되면 릴레이로 전등을 켜거나 끄는 제어 장치도 쉽게 만들 수 있다.

초보자를 위한 브레드보드 사용법 안내

브레드보드(그림 8-3)를 처음 사용하는 경우라면, 터미널(브레드보드의 구멍들)이 서로 연결되어 있는 구조를 이해하는 것이 무엇보다 중요하다. 그림을 보면 진하게 칠해진 선들이 보이는데, 이 선 위에 있는 터미널끼리는 서로 연결되어 있어서 전기가 통할 수 있다. 브레드보드의 양 측면에는 전원을 연결하는 버스가 있다. 보드의 왼편에 있는 전원 버스와 오른편에 있는 전원 버스는 서로 연결되어 있지 않다. 따라서 양쪽의 버스 모두에 전원을 인가하려면 M-M 점퍼 선으로 버스를 연결해야 한다.

이제 다음의 안내에 따라 브레드보드를 구성해 보자.

1. F-M 점퍼 선으로 라즈베리 파이의 25번 핀을 브레드보드에 연결한다. 라즈베리 파이의 GPIO 헤더에 있는 핀들의 위치는 그림 8-2에 나와 있는 핀 번호를 참조한다.
2. 점퍼 선을 하나 더 사용해서 라즈베리 파이의 그라운드 핀과 브레드보드의 마이너스(-) 전원 버스를 연결한다.

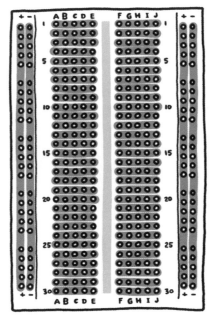

그림 8-3. 브레드보드

3. 이제 LED를 연결할 준비를 마쳤다(그림 8-4). 하지만 LED를 연결하기 전에 LED는 극성이 있다는 점을 알아야 한다. LED는 두 개의 핀 중 어떤 핀을 어떤 극성에 연결하느냐에 따라 작동을 할 수도 있고 하지 않을 수도 있다. LED에서 뻗어 나오는 핀 두 개 중에서 더긴 쪽이 양극(Anode)이며, 이 예제에서는 양극을 GPIO 핀에 연결해야 한다. 보다 짧은 쪽은 음극(Cathode)이고, 그라운드에 연결해야 한다. LED의 극성은 위에서 내려다 보는 방법으로도 구별할 수 있다. LED를 내려다 보면 플라스틱 테두리에 약간 납작한 부분이 보이는데, 그쪽이 음극이며 그라운드에 연결해야 한다. 양극은 라즈베리 파이의 25번 핀에 연결된 점퍼 선이 브레드보드에 꽂혀 있는 터미널과 동일한 선상에 연결해서 LED와 25번 핀을 전기적으로 연결한다. LED의 음극은 그라운드 전원 버스에 꽂는다.

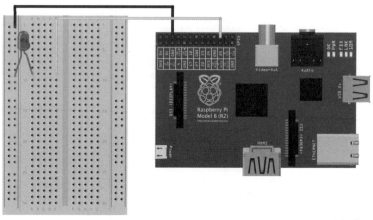

fritzing

그림 8-4. LED를 라즈베리 파이에 연결하기

4. 라즈베리 파이에 키보드, 마우스 그리고 모니터를 연결한 다음 전원을 넣고 로그인한다. 라즈베리 파이가 명령어 인터페이스 모드로 실행되었다면 바로 명령어를 입력하면 된다. 그렇지 않고 X 윈도우 모드로 로그인했다면 데스크톱에서 LXTerminal을 실행하여 터미널 창을 띄운다.

5. 명령어 인터페이스에서 입출력 핀에 접근하려면 라즈베리 파이의 슈퍼 사용자 계정인 루트 권한으로 명령을 실행해야 한다. 루트 계정을 시작하고 명령을 실행하려면 명령어 인터페이스에 sudo su라고 입력하고 엔터 키를 친다.

```
pi@raspberrypi ~ $ sudo su
root@raspberrypi:/home/pi#
```

명령 프롬프트가 $에서 #으로 바뀐 것이 보일 것이다. 이는 루트 권한으로 명령을 실행한다는 표시다.

> 루트(root) 계정은 시스템의 모든 기능과 파일에 접근할 수 있는 관리자 권한을 갖고 있다. 사용자가 관리자 권한을 가진 상태에서 작업할 경우, 운영체제를 망가뜨릴 수 있는 명령을 임의로 또는 실수로 입력하여 실행하더라도 이를 방지할 수 있는 기제는 거의 없다. 따라서 루트 권한으로 명령을 실행할 때는 신중해야 한다. 무엇인가 잘못되었더라도 너무 걱정할 필요는 없다. 문제가 발생했다면 언제든지 SD 카드에 리눅스를 새로 설치해서 사용하면 된다. root 계정에서 할 일을 모두 마친 다음에는 exit를 입력해서 다시 pi 계정으로 돌아간다.

6. 명령어 인터페이스에서 파이의 25번 핀에 연결된 LED를 켜고 끄려면 먼저 해당 핀을 사용자 공간(Userspace)로 내보내야(Export) 한다. 즉, 해당 핀을 리눅스 커널의 영역 밖에서 사용할 수 있도록 조

치를 취해야 한다. 이를 위해서 아래와 같이 입력한다.

```
root@raspberrypi:/home/pi# echo 25 > /sys/class/gpio/export
```

echo 명령은 사용하고자 하는 핀 번호(여기서는 25번)를 /sys/class/ gpio 폴더에 있는 export 파일에 기입한다. 핀 번호가 기입되면 이 특수한 파일은 /sys/class/gpio 폴더 내에 새로운 디렉터리를 생성한다. 이 디렉터리에는 핀을 제어하는 파일들이 들어 있다. 즉, 이번에는 /sys/class/gpio/gpio25라는 디렉터리가 새로 만들어진다.

7. cd 명령을 입력하여 새로 만들어진 디렉터리로 이동한다. 그 다음 ls 명령으로 디렉터리의 내용을 출력한다.

```
root@raspberrypi:/home/pi# cd /sys/class/gpio/gpio25
root@raspberrypi:/sys/class/gpio/gpio25# ls
active_low device direction edge power subsystem uevent value
```

cd 명령은 '디렉터리 변경(Change directory)'을 의미한다. 이 명령을 실행하면 작업 디렉터리를 변경할 수 있기 때문에 작업 디렉터리 안의 파일을 호출할 때 매번 파일의 경로까지 입력해야 하는 번거로움을 피할 수 있다. ls는 해당 디렉터리 안에 있는 모든 파일과 폴더의 목록을 출력한다. 현재 디렉터리에서 관심을 가져야 할 파일은 'direction'과 'value'다.

8. 'direction' 파일은 핀을 입력용이나 출력용(버튼이 연결되어 있을 때나 LED가 연결되어 있을 때)으로 설정한다. 지금은 25번 핀에 LED가 연결되어 있고 LED를 켜거나 끄려고 하므로, 25번 핀을 출력용으로 설정한다.

```
root@raspberrypi:/sys/class/gpio/gpio25# echo out > direction
```

9. LED를 켜려면 이번에는 'value' 파일에 다시 한번 echo 명령으로 숫자 1을 기입한다.

```
root@raspberrypi:/sys/class/gpio/gpio25# echo 1 > value
```

10. 이제 엔터 키를 치면 LED가 켜질 것이다. LED를 끄려면 echo 명령으로 value 파일에 0을 기입한다.

```
root@raspberrypi:/sys/class/gpio/gpio25# echo 0 > value
```

> **가상 파일**
>
> 앞서 LED를 제어하는 데 사용했던 파일은 라즈베리 파이의 SD 카드에 실제로 있는 파일이 아니다. 이들은 리눅스에 있는 가상 파일시스템의 일부분으로, 보드의 저수준 기능을 단순화하여 보다 쉽게 접근할 수 있도록 만들어 주는 시스템이다. 물론, LED를 켜거나 끌 때 라즈베리 파이의 메모리에 있는 특정한 부분의 값을 수정하는 방식을 사용할 수도 있지만, 그런 방식을 사용하면 코드도 훨씬 길어지고 더욱 주의를 기울여야 한다.

출력장치들을 제어할 때 파일에 특정한 값을 기입하는 방식을 사용한다면, 입력장치들의 상태를 확인할 때는 어떻게 해야 할까? 만약 '파일을 읽는다'라고 생각했다면, 정답이다. 이제 입력장치들의 상태를 읽어 보도록 하자.

디지털 입력: 버튼의 상태 읽기

그림 8-5에 보이는 것과 같은 간단한 푸시 버튼은 기본적인 디지털 입력 상태를 제어할 때 매우 유용하게 사용할 수 있다. 뿐만 아니라 브레드보드에도 딱 들어맞는다.

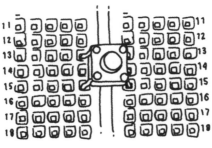

그림 8-5. 버튼

✏ 이 작은 버튼은 전자장치 프로젝트에서 일반적으로 사용된다. 따라서 버튼의
  내부 구조를 이해한다면 앞으로 프로젝트를 포로토타이핑 할 때 도움이 될 것
  이다. 브레드보드에 장착한 버튼(그림 8-5)을 기준으로 설명하면, 버튼 위쪽의
  두 핀은 항상 서로 연결되어 있다. 마찬가지로 버튼 아래쪽의 핀 두 개도 항상
  서로 연결되어 있다. 사용자가 버튼을 누르면 위의 핀 두 개와 아래의 핀 두 개
  가 서로 연결되어 버튼의 모든 핀이 통전 상태가 된다.

라즈베리 파이에서 디지털 입력을 읽는다는 것은 어떤 특정한 핀이
3.3V에 연결되어 있는지 아니면 그라운드에 연결되어 있는지 판단한
다는 것과 같은 의미다. 디지털 입력의 값은 항상 3.3V이거나 그라운
드 중 하나여야 한다. 만약 3.3V나 그라운드 어디에도 연결되지 않은
핀을 읽으면 예상할 수 없는 값을 읽게 된다. 푸시 버튼으로 디지털 입
력의 값을 읽는 방법을 터득한 다음에는 자석 형식 보안 스위치, 아케
이드 게임기용 조이스틱 또는 자판기의 동전 투입 장치 등과 같은 부
품들도 쉽게 사용할 수 있을 것이다. 일단 스위치를 브레드보드에 연
결하자.

1. 그림 8-5와 같이, 푸시 버튼의 양쪽 핀들이 브레드보드 가운데에 있는 도랑의 각 반대편에 걸쳐질 수 있도록 꽂는다.
2. 라즈베리 파이의 24번 핀과 버튼의 위쪽 핀이 꽂힌 터미널을 점퍼 선으로 연결한다.
3. 라즈베리 파이의 3V3 핀과 브레드보드의 플러스 전원 버스를 점퍼 선으로 연결한다.

> 자칫 실수로 3V3 핀이 아닌 5V 핀에 버튼을 연결하는 일이 없도록 주의하자.
> 만약 입력 핀에 3.3V 이상 전압을 넣게 되면 라즈베리 파이를 복구할 수 없는 지경으로 망가뜨릴 수 있다.

4. 버튼의 아래쪽 핀과 연결된 터미널 중 하나를 플러스 전원 버스에 연결한다. 이제 버튼을 누르면 3.3V와 파이의 24번 핀이 연결된다.
5. 앞서 디지털 입력은 3.3V나 그라운드에 연결해야 한다고 강조했었다. 버튼을 누르지 않으면 24번 핀은 3.3V에도 연결되지 않고 그라운드에도 연결되지 않은 붕 뜬(floating) 상태가 된다. 이러한 상황은 예기치 않은 결과를 초래하므로 문제를 해결해 보자. 먼저 10K옴 저항(저항의 색 띠를 확인한다. 검정, 갈색, 주황 그리고 은색이나 금색 띠가 차례로 보여야 한다)으로 스위치의 입력 쪽 핀과 브레드보드의 마이너스 전원 버스를 연결한다. 그 다음 출력 예제에서 했던 것처럼 라즈베리 파이의 그라운드 핀과 브레드보드의 마이너스 전원 버스를 점퍼 선으로 연결한다. 이제 스위치를 누르지 않았을 때도 그라운드에 연결된 상태를 유지하게 된다.

전기는 항상 전압이 높은 곳에서 낮은 곳을 향해 흐르며, 여러 개의 경로가 있을 경우 저항이 더 작은 방향으로 흐르게 된다. 따라서 스위치를 누르면 3.3V는 10K옴 저항이 연결된 경로보다는 저항이 훨씬 작은, 라즈베리 파이와 연결된 입력 핀을 따라 흐르게 된다. 모든 부품을 제대로 연결했다면 회로가 그림 8-6과 비슷하게 구성될 것이다.

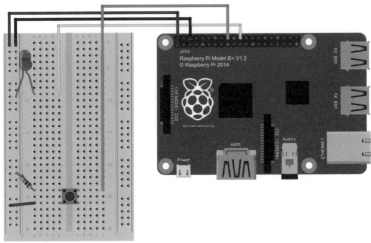

그림 8-6. 라즈베리 파이에 버튼 연결하기

6. 이제 회로는 완성했으니 명령어 인터페이스에서 핀의 값을 읽을 차례다. 만약 루트 권한으로 명령을 실행하고 있지 않다면 sudo su 라고 입력한다.

7. 이번에는 입력 핀을 이전의 예제와 유사하게 사용자 공간으로 export한다.

```
# echo 24 > /sys/class/gpio/export
```

8. export를 통해 새로 만들어진 디렉터리로 이동한다.

```
# cd /sys/class/gpio/gpio24
```

9. 핀의 direction을 입력으로 설정한다.

```
# echo in > direction
```

10. 해당 핀의 값을 읽기 위해서 cat 명령을 사용한다. cat 명령을 사용하면 파일의 내용을 터미널에 출력할 수 있다. cat 명령어는 연결하기(Concatenate)에서 유래했다. 파일과 파일을 연결하거나 이을 때도 동일한 명령을 사용하고 파일의 내용을 출력할 때도 사용한다.

```
# cat value
0
```

11. 핀의 입력 값이 0이라는 것은 해당 핀이 그라운드에 연결되었다는 의미다. 이번에는 버튼을 누른 상태에서 동일한 명령을 다시 실행한다.

```
# cat value
1
```

12. 만약 1이 출력되었다면, 모든 것이 정상적으로 연결되어서 작동하고 있는 것이다.

> 🖉 이전에 실행한 명령을 손쉽게 다시 실행하려면 위쪽 화살표 키를 눌러서 원하는 명령이 나올 때까지 찾은 다음 엔터 키를 눌러서 실행하면 된다.

이것으로 리눅스 명령어를 사용하여 LED를 제어하거나 버튼의 상태를 읽을 수 있게 되었다. 이제 리눅스에 내장된 툴을 몇 가지 사용하여 간단한 디지털 입출력 프로젝트를 구현해 보도록 하자.

8.2 프로젝트: 크론으로 램프 타이머 만들기

가령, 내일 아침 일찍부터 장기간의 휴가 길에 오르게 되었다고 가정해 보자. 하지만 그 기간 동안 집이 비어 있는 티가 나서 혹시라도 도둑이 들지 않을까 걱정스럽다. 만약 타이머로 작동하는 램프가 있다면 빈집털이범을 예방하는 데 도움이 되겠지만 이미 늦은 시간이라 상점들은 문을 닫았고 아침에도 시간적으로 여유가 있을 것 같지는 않다. 그런데 마침 라즈베리 파이에 취미를 붙이고 있던 터였고, 몇 개의 부품도 이미 갖고 있는 상황이다.

- 라즈베리 파이 보드
- 브레드보드
- F-M 점퍼 선
- 파워스위치 테일 II 릴레이(PowerSwitch Tail II relay)
- 훅업 와이어(브레드보드용 전선)

이 부품들만 있다면 프로그래밍을 해서 자신만의 램프 타이머를 만들 수 있다. 이제 셸 스크립트와 크론(Cron)이라는 강력한 리눅스 툴을 이용해서 램프 타이머를 만들어 보도록 하자.

스크립트 명령어

셸 스크립트란 (앞서 입출력 핀을 제어할 때 사용했던 명령들과 유사한) 일련의 명령들이 기입된 하나의 파일이다. 다음의 셸 스크립트와 설명을 살펴보자.

```
#!/bin/bash ❶
echo Exporting pin $1. ❷
echo $1 > /sys/class/gpio/export ❸
echo Setting direction to out.
echo out > /sys/class/gpio/gpio$1/direction ❹
echo Setting pin high.
echo 1 > /sys/class/gpio/gpio$1/value
```

❶ 모든 셸 스크립트에는 이 행이 포함되어야 한다.

❷ $1는 명령어 인터페이스를 통해 전달하는 첫 번째 매개변수를 가리킨다.

❸ 이 스크립트는 핀의 번호를 사용자 공간으로 export할 때 고정적인 핀의 번호를 사용하는 대신 명령 행을 통해 전달하는 첫 번째 매개변수를 핀의 번호로 지정하여 export한다.

❹ 여기서도 특정한 핀 번호 대신 명령 행의 첫 번째 매개변수가 사용되고 있다.

이 스크립트를 nano 편집기로 작성하고 on.sh라는 파일로 저장한다. 그 다음 chmod 명령어로 이 파일의 모드를 실행 가능한 상태로 바꾼다.

```
root@raspberrypi:/home/pi# chmod +x on.sh
```

> 🖉 이 명령들은 루트 권한으로 실행해야 한다. 만약 "Permission denied."와 같은 에러가 뜬다면 sudo su를 입력하여 루트 계정으로 바꾸도록 한다.

명령 행 매개변수란 명령어 뒤에 특정한 정보를 추가하여 프로그램이나 스크립트에게 정보를 전달하는 방식을 지칭한다. 셸 스크립트에 $1라고 표기하면 명령 행의 첫 번째 매개변수를 가리키고, $2는 두 번째 매개변수를 의미한다. on.sh의 경우, export하여 불을 켜고 싶은 핀의 번호를 매개변수로 전달하면 된다. 셸 스크립트에 25라고 기입하여 핀 번호를 고정하는 대신 명령 행에서 매개변수로 핀의 번호를 특정하는 방식을 사용하면 보다 폭넓게 스크립트를 활용할 수 있다. 25번 핀을 export해서 LED의 불을 켜기 위해서는 다음과 같이 명령어 인터페이스에 입력한다.

```
root@raspberrypi:/home/pi/# ./on.sh 25  ❶
Exporting pin 25.
Setting direction to out.
Setting pin high.
```

❶ 파일 이름 앞의 ./ 표시는 현재의 작업 디렉터리에서 스크립트를 실행한다는 의미다.

만약 './on.sh: line3: echo: write error: Device or resource busy'라는 메시지가 출력되면 아래의 명령을 입력하여 25번 핀을 초기화한다.

```
echo 25 > /sys/class/gpio/unexport
```

이 장의 앞부분에서 구성했던 회로의 LED가 여전히 25번 핀에 연결되어 있다면 LED가 켜질 것이다. 이번에는 off.sh라는 셸 스크립트를 새로 만들어서 LED를 끄자. 스크립트는 아래와 같다.

```
#!/bin/bash
echo Setting pin low.
echo 0 > /sys/class/gpio/gpio$1/value
echo Unexporting pin $1
echo $1 > /sys/class/gpio/unexport
```

이제 실행 가능하게 모드를 바꾸고 스크립트를 실행한다.

```
root@raspberrypi:/home/pi/temp# chmod +x off.sh
root@raspberrypi:/home/pi/temp# ./off.sh 25
Setting pin low.
Unexporting pin 25
```

별다른 문제가 없다면 스크립트가 실행되고 LED가 꺼질 것이다.

램프 연결하기

작은 LED 불빛 한 개만으로는 빈집털이범들이 집에 사람이 있다고 생각하게 만들기 어렵다. 그러니 라즈베리 파이에 더 밝은 램프를 연결하도록 한다.

1. 25번 핀에 연결된 LED를 제거한다.
2. 브레드보드에 훅업 전선 두 개를 꽂는다. 하나는 라즈베리 파이의 25번 핀과 연결된 터미널에 꽂고 다른 하나는 그라운드 버스에 연결한다.
3. 25번 핀과 연결된 터미널에 꽂은 전선을 파워스위치 테일의 '+in' 터미널에 연결한다.
4. 그라운드 버스에 연결한 전선은 파워스위치 테일의 '-in' 터미널에 연결한다. 다음 단계로 넘어가기 전에 그림 8-7의 회로와 비교하여 이상이 없는지 확인한다.
5. 파워스위치 테일의 플러그를 전원에 연결하고 램프의 전원 플러그를 파워스위치 테일에 연결한다. 램프의 스위치는 켜짐 상태가 되도록 한다.
6. 이제 명령어 인터페이스에서 ./on.sh 25를 실행하면 램프가 켜지고, ./off.sh 25를 실행하면 램프가 꺼질 것이다.

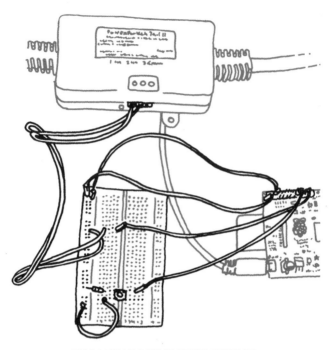

그림 8-7. 파워스위치 테일 II와 라즈베리 파이 연결하기

🖊 파워스위치 테일 II의 내부에 들어있는 전자부품은 라즈베리 파이와 같은 장치
들이 만들어 내는 낮은 전압의 신호로 높은 전압에서 작동하는 램프나 믹서기
와 같은 장치들을 제어할 수 있게 도와준다. 파워스위치 테일이 켜지거나 꺼질
때 들리는 '딸깍'하는 소리는 안에 들어 있는 부품인 릴레이가 만들어 내는 소
리다. 릴레이는 스위치의 역할을 하는 핵심 부품 중 하나다. 릴레이 덕분에 파
워스위치 테일은 라즈베리 파이가 만들어 내는 낮은 전압의 켜거나 끄는 신호
로 높은 전압의 장치들을 켜거나 끌 수 있다.

크론을 사용하여 일정에 따라 명령 실행하기

지금까지 특정한 핀의 전압을 높이거나 낮추는 여러 줄의 명령들을 각각 패키지로 묶은 다음, 단지 명령어 두 개로 작동을 실행하는 방법에 대해 알아 보았다. 또한 파워스위치 테일을 사용하여 램프와 라즈베리 파이를 연결하고, 명령어 한 줄로 램프를 켜거나 끌 수 있게 되었다. 이제 크론(Cron)을 사용하여 특정한 시간에 불이 켜지거나 꺼지도록 일정을 제어할 것이다. 크론은 리눅스의 작업 스케줄러다. 크론을 사용하면 특정한 날의 특정한 시간에 특정한 명령이 실행되도록 예약할 수 있다. 그리고 주기적(가령, 한 시간에 한 번씩)으로 특정한 작업이 반복 실행되도록 설정할 수도 있다. 이제부터 크론에 두 개의 작업 일정을 설정할 것이다. 하나는 오후 8시에 램프를 켜는 일정이고, 다른 하나는 오전 2시에 램프를 끄는 일정이다.

> ✏️ 시간 의존적인 프로그램들을 다룰 때는 먼저 라즈베리 파이의 날짜와 시간이 올바르게 설정되어 있는지 확인하도록 한다. 날짜와 시간 설정은 1장을 참고한다.

일정을 추가하려면 크론 테이블(특정한 시간이 되면 리눅스가 실행해야 하는 명령들의 목록)을 편집해야 한다.

```
root@raspberrypi:/home/pi/# crontab -e
```

앞의 명령을 실행하면 루트 계정(루트 사용자로 변환하려면 sudo su를 입력한다)상의 크론 테이블을 편집할 수 있는 텍스트 편집기가 실행된다. 파일의 맨 위에는 크론 테이블을 수정하는 요령을 안내하는 문

구들이 보인다. 화살표 키를 사용하며 파일의 아래로 이동하고 아래의
두 줄을 파일의 맨 끝에 추가한다.

```
0 20 * * * /home/pi/on.sh 25
0 2 * * * /home/pi/off.sh 25
```

✎ 크론은 해시(#) 마크로 시작하는 모든 행을 무시한다. 만약 어떤 특정한 행을
삭제하지 않고 단지 비활성화하고 싶다면 행의 맨 앞에 해시 마크를 표시한다.

Ctrl-X를 눌러서 편집기를 빠져 나온다. 파일 저장 여부를 물어보면 y
키를 누르고 엔터 키를 쳐서 기본 파일 이름으로 저장한다. 파일이 저
장되면 다시 명령 행으로 돌아오게 되고 "installing new crontab"이라
는 메시지가 표시된다. 이 메시지는 크론 테이블이 변경되었으며 일정
에 따라 크론이 명령을 실행할 것이라고 알려 준다.

크론에 대해 더 알아보기

크론은 특정한 날짜와 특정한 시간 또는 특정한 주기에 따라 특정한 작
업이 실행되도록 일정을 관리한다. 시간 단위는 총 다섯 개(연도까지
일정에 반영한다면 여섯 개로 늘어난다)로 나뉘어 있고 각 단위는 공백
문자로 구분되며 실행 명령과도 하나의 공백 문자로 구분된다. 별(*)표
는 해당 시간 단위마다 매번 작업이 실행된다는 의미이다(표 8-1).

표 8-1. 매일 오후 8시에 불을 켜는 크론 일정

0	20	*	*	*	/home/pi/on.sh 25
분(:00)	시(8 p.m.)	매일	매월	일주일 내내	명령어 경로

만약 매주 주중에만 램프를 켜는 일정이라면 표 8-2와 같이 크론 항목을 설정한다.

표 8-2. 주중에만 매일 오후 8시에 불을 켜는 크론 일정

0	20	*	*	1-5	/home/pi/on.sh 25
분(:00)	시(8 p.m.)	매일	매월	월요일부터 금요일까지	명령어 경로

또 다른 예를 살펴 보자. 만약 새로운 메일을 수신했을 때 사용자에게 알려 주는 셸 스크립트가 있다면, 표 8-3과 같이 설정하여 5분마다 스크립트를 실행할 수 있다.

표 8-3. 5분마다 메일을 확인하는 크론 일정

*/5	*	*	*	*	/home/pi/checkMail.sh
5분마다	매시간	매일	매월	일주일 내내	명령어 경로

*/5 는 주기가 5분이라는 의미다.

앞에서 살펴보았듯이, 크론은 특정한 날짜나 시간 또는 특정한 주기에 맞춰 수행해야 하는 작업의 일정을 관리하는 데 매우 유용한 툴이다.

8.3 더 알아보기

eLinux의 라즈베리 파이 GPIO 참조문 페이지

라즈베리 파이의 GPIO 핀을 가장 이해하기 쉽게 설명한 안내문이다. (http://elinux.org/RPi_Low-level_peripherals)

라즈베리 파이의 핀이 부족하다면 MCP23008 칩을 사용해서 GPIO 핀을 8개 늘릴 수 있고 추가로 MCP23017 칩을 사용해서 16개까지 늘릴 수 있다. 에이다푸르트에서 자세한 안내문을 제시하고 있다. (https://learn.adafruit.com/mcp230xx-gpio-expander-on-the-raspberry-pi)

9

파이썬으로 입력과 출력
프로그래밍하기

8장에서는 셸 스크립트로 라즈베리 파이의 GPIO 핀을 제어하는 프로그램을 작성했다. 이 장에서는 파이썬으로 GPIO 핀을 제어하는 프로그램을 작성하고 그 외의 프로그래밍에 대해서도 조금 더 알아 본다. 파이썬으로 코드를 작성해도 셸 스크립트로 했던 것처럼 특정한 핀에 접근하여 자동으로 값을 읽거나 제어하는 일을 수행할 수 있다.

파이썬은 셸 스크립트에 비해 더 쉽게 코드를 작성할 수 있고 코드 가독성도 더 높다. 또한 다양하고 방대한 파이썬 모듈 덕분에 기본적인 코드만 활용해도 복잡한 프로그램을 쉽게 작성할 수 있다. 수많은 모듈 중 프로젝트에서 유용하게 활용할 수 있는 모듈의 목록을 표 4-2에 정리해 두었다. 그중 raspberry-gpio-python[1]은 GPIO 핀을 읽거나 제어하는 일을 매우 수월하게 만드는 유용한 파이썬 모듈이다. 이 장에서는 해당 모듈을 사용하는 방법에 대해 살펴본다.

---

1 http://sourceforge.net/projects/raspberry-gpio-python/

9.1 파이썬 GPIO 모듈 설치 및 테스트하기

최선 버전의 라즈비안 리눅스 배포판에는 GPIO 모듈이 이미 설치되어 있다. 하지만 구 버전의 라즈비안을 사용하고 있다면 GPIO 모듈을 업데이트하거나 추가로 설치해야 할 수도 있다. 모듈이 설치되어 있고 제대로 작동하는지 확인하려면 파이썬의 대화형 인터프리터를 활용한다(4장에서 살펴보았듯이 대화형 인터프리터는 파이썬 코드를 한 줄 입력하면 한 줄 실행하는 방식을 취한다. 이는 파일에 코드를 모두 작성해서 파일로 저장한 다음에 파일을 실행하는 방식과 대비된다).

1. 명령어 입력 창에서 루트 권한으로 파이썬 대화형 인터프리터를 실행한다. (raspberry-gpio-python 모듈은 루트 권한으로 실행해야 핀을 읽고 제어할 수 있기 때문에 sudo 명령을 사용하여 루트 권한으로 파이썬 대화형 인터프리터를 실행한다.)
   아래와 같이 명령어를 입력한다.

```
$ sudo python
Python 2.7.3 (default, Mar 18 2014, 05:13:23)
[GCC 4.6.3] on linux2
Type "help", "copyright", "credits" or "license" for more information.
>>>
```

2. >>> 프롬프트가 나타나면 모듈을 불러온다.

```
>>> import RPi.GPIO as GPIO
```

3. 이때 모듈이 이미 설치되어 있다면 에러가 발생하지 않는다.

만약 GPIO 모듈을 불러올 때 에러가 발생한다면 라즈베리 파이의 패키지 관리자인 apt-get 명령으로 간단하게 모듈을 설치할 수 있다.
   raspberry-gpio-python 모듈을 설치하려면 다음 단계를 따른다.

1. 인터프리터를 종료하고(Ctrl-D를 누르거나 아니면 exit()라고 입력한 뒤 리턴 키를 누른다) apt-get의 패키지 색인을 업데이트한 뒤 raspberry-gpio-python을 설치하는 명령을 실행한다.

```
>>> exit()
$ sudo apt-get update
$ sudo apt-get install python-rpi.gpio
```

2. 설치 과정이 끝나면 다시 파이썬 대화형 인터프리터로 돌아가 모듈을 불러온다.

```
$ sudo python
Python 2.7.3 (default, Mar 18 2014, 05:13:23)
[GCC 4.6.3] on linux2
Type "help", "copyright", "credits" or "license" for more
information.
>>> import RPi.GPIO as GPIO
>>>
```

> 🖉 이 장에서는 파이썬 3 대신 파이썬 2.7을 사용한다. 예제에서 다루는 모듈 중 하나가 파이썬 2.x 버전에만 설치되었기 때문이다. 파이썬 2.7을 실행하려면 라즈베리 파이의 명령 프롬프트에서 그냥 python이라고 입력하면 된다. (python이라는 명령어 대신 python2 또는 python2.7이라고 입력해도 파이썬 2.7 버전을 실행할 수 있다. 파이썬 3를 실행하려면 python3라고 입력한다.)
>
> 두 버전의 가장 중요한 차이 중 하나는 콘솔에 텍스트를 출력하는 방식이다. 파이썬 2.x에서는 print "Hello, world!"라고 입력하지만 파이썬 3에서는 print("Hello, world!")라고 입력해야 한다.

import 명령을 실행한 뒤 아무런 에러도 발생하지 않았다면 GPIO 모듈을 사용할 준비가 된 것이다. 이제 다음 방법으로 LED를 제어해 보자.

1. 코드에서 특정한 GPIO 핀을 제어하려면, 우선 특정 핀을 지칭하는 방식을 먼저 설정해야 한다. 8장에서 사용한 핀의 번호는 보드에 배치된 핀의 순서와는 아무런 관계가 없었다. 8장에서는 사실 핀에 대한 브로드컴 칩의 신호 이름을 지칭한 것이었다. 파이썬의 GPIO 모듈을 사용하면 두 가지 방식 중 하나를 선택하여 핀을 지칭할 수 있다. 보드에 물리적으로 배치된 순서에 따라 핀을 지칭하려면 GPIO.setmode(GPIO.BOARD)로 설정하면 된다. 하지만 에이다프루트의 파이 코블러 보드를 비롯하여 다수의 연결 보드들이 8장에서 사용했던 것과 동일한 방식으로 핀 번호를 지칭하고 있다. 따라서 이 책에서도 같은 방식에 준하여 핀의 이름을 표기할 것이다(GPIO.setmode(GPIO.BCM)).

```
>>> GPIO.setmode(GPIO.BCM)
```

2. 25번 핀을 출력용으로 설정한다.

```
>>> GPIO.setup(25, GPIO.OUT)
```

3. 152쪽 '초보자를 위한 브레드보드 사용법 설명'에서 했던 것과 마찬가지로 LED를 25번 핀에 연결한다.

4. LED를 켠다.

```
>>> GPIO.output(25, GPIO.HIGH)
```

5. LED를 끈다.

```
>>> GPIO.output(25, GPIO.LOW)
```

6. 파이썬 대화형 인터프리터를 종료한다.

```
>>> exit()
$
```

> 📝 8장에서 라즈베리 파이의 디지털 입력과 출력 신호는 3.3V이거나 그라운드여
> 야 한다고 했다. 디지털 전자기기에서는 이러한 신호를 각각 high와 low라고
> 지칭한다. 그렇다고 모든 하드웨어에서 3.3V가 high로 인식되는 것은 아니다.
> 어떤 기기는 1.8V나 5V를 high라고 인식한다. 따라서 라즈베리 파이의 GPIO
> 핀을 다른 디지털 하드웨어와 연결할 때는 해당 하드웨어도 3.3V용인지 확인
> 해야 한다.

지금까지 파이썬 구문을 대화형 인터프리터에 직접 입력하여 GPIO 핀
을 제어하는 방법을 살펴 보았다. 앞서 8장에서는 핀을 켜거나 끌 때
셸 스크립트를 만들어서 사용했다. 마찬가지로 이제 파이썬 스크립트
를 만들어서 자동으로 핀을 읽거나 제어해 볼 것이다.

9.2 LED 깜빡이기

파이썬으로 LED를 깜빡이려면 대화형 인터프리터에서 사용하였던 구
문들 외에 몇 가지 구문을 더 사용해야 한다. 이어지는 단계들은 파이
의 데스크톱 환경(그림 9-1)을 기준으로 설명한다. 하지만 명령어 인터
페이스에서 파이썬 스크립트를 작성하고 실행해도 같은 결과를 얻을
수 있으니 선호하는 방식을 선택해도 상관은 없다.

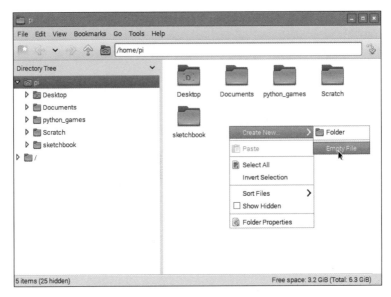

그림 9-1. 사용자의 home 디렉터리에서 새로운 파일을 만드는 모습

파이썬 스크립트로 LED를 깜빡이는 방법은 아래와 같다.

1. 데스크톱 위쪽 패널에서 서랍 모양의 File Manager 아이콘을 클릭해서 연다.

2. File Manager가 사용자의 홈 디렉터리를 열었는지 확인한다. File Manager를 실행하면 /home/pi 디렉터리가 기본적으로 표시된다. 만약 다른 디렉터리가 표시되고 있다면 창의 상단에 있는 Home Folder 아이콘을 클릭한다.

3. 홈 디렉터리에 blink.py라는 파일을 새로 만든다. 새로운 파일을 만들려면 그림 9-1과 같이 홈 디렉터리 창에서 마우스 오른쪽 버튼을 클릭하고 'Create New' 메뉴에 있는 'Empty File'을 클릭한다. 그리고 파일 이름을 blink.py라고 입력한 뒤 OK를 클릭한다.

4. blink.py를 더블 클릭하면 기본 텍스트 편집기인 Leafpad에서 파일이 열린다. 또는 파일을 마우스 오른쪽 버튼으로 클릭하고 Leafpad를 클릭한다.

5. 다음의 코드를 입력하고 파일을 저장한다.

```
import RPi.GPIO as GPIO ❶
import time ❷

GPIO.setmode(GPIO.BCM) ❸
GPIO.setup(25, GPIO.OUT) ❹

while True: ❺
    GPIO.output(25, GPIO.HIGH) ❻
    time.sleep(1) ❼
    GPIO.output(25, GPIO.LOW) ❽
    time.sleep(1) ❾
```

❶ GPIO를 제어하는 데 필요한 코드를 불러온다.

❷ sleep 함수를 사용하기 위한 코드를 불러온다.

❸ 브로드컴 칩의 신호 번호를 사용한다.

❹ 25번 핀을 출력용으로 설정한다.

❺ 무한 반복되는 코드를 작성한다. 이후 들여쓰기한 코드들은 반복적으로 실행된다.

❻ LED를 켠다.

❼ 1초 동안 기다린다.

❽ LED를 끈다.

❾ 1초 동안 기다린다.

> 🖉 파이썬에서는 들여쓰기가 매우 중요하다는 점을 상기하자.

6. LXTerminal을 연다. 현재 작업 디렉터리가 사용자 pi의 홈인지 확인한 뒤 스크립트를 실행한다.

```
pi@raspberrypi ~/Development $ cd ~
pi@raspberrypi ~ $ sudo python blink.py
```

7. LED가 깜빡이기 시작할 것이다.

8. Ctrl-C를 눌러서 스크립트를 종료하고 명령 행으로 복귀한다.

time.sleep() 함수의 매개변수를 1보다 작은 소수점이 있는 수(가령 0.5)로 설정하면 LED가 더 빨리 깜빡이게 된다. 한편, LED를 몇 개 더 추가하면 특정한 패턴으로 LED들이 깜빡이게 만들 수도 있다. 라즈베리 파이 1 모델 B 보드를 사용하고 있다면 LED는 그림 8-2에 보이는 것과 같이 4, 17, 18, 21, 22, 23, 24 그리고 25번 GPIO 핀에 연결할 수 있다. 파이 1 모델 B+ 이후의 보드를 사용하고 있다면 더 많은 LED를 연결해서 사용할 수 있다.

9.3 버튼 읽기

버튼을 눌러서 무엇인가를 실행할 때는 일반적으로 폴링(Polling)이라는 기법을 많이 활용한다. 폴링은 어떤 조건을 지속적으로 그리고 반복적으로 확인하는 기법이다. 즉, 이 경우에는 버튼을 통해 입력 핀이 3.3V에 연결되는지 아니면 그라운드에 연결되는지를 폴링 기법으로 확인한다. 이제 버튼을 누르면 화면에 텍스트를 출력하는 새로운 파이썬 스크립트를 작성하며 폴링에 대해 배워보자.

1. 157쪽의 '디지털 입력: 버튼의 상태 읽기'와 동일한 요령으로, 파이의 24번 핀에서 버튼의 상태를 읽을 수 있도록 회로를 구성한다. 잊지 말고 그라운드와 입력 핀 사이에 풀다운 저항을 연결하도록 한다.

2. 홈 디렉터리에 button.py라는 파일을 새로 만들고 편집기로 연다.

3. 다음 코드를 입력한다.

```
import RPi.GPIO as GPIO
import time

GPIO.setmode(GPIO.BCM)
GPIO.setup(24, GPIO.IN) ❶

count = 0 ❷

while True:
    inputValue = GPIO.input(24) ❸
    if (inputValue == True): ❹
        count = count + 1 ❺
        print("Button pressed " + str(count) + " times.") ❻
    time.sleep(.01) ❼
```

❶ 24번 핀을 입력용으로 설정한다.

❷ count 변수를 만들고 0을 할당한다.

❸ 24번 핀의 상태 값을 inputValue 변수에 저장한다.

❹ 값이 True(버튼을 누르면 True가 됨)와 일치하는지 확인한다.

❺ 만약 그렇다면 count의 값을 증가시킨다.

❻ 터미널에 텍스트를 출력한다.

❼ 잠깐 기다린다. 프로세서를 독차지하면 다른 프로그램들이 실행되는 데 방해되므로 주의 한다.

4. LXTerminal로 돌아가서 스크립트를 실행한다.

```
$ sudo python button.py
```

5. 이제 버튼을 누른다. 모든 단계를 이상 없이 따라 했다면 버튼을 누를 때마다 "The button pressed # times."라는 텍스트가 출력되는 것이 보일 것이다.

앞의 코드는 초당 100번씩 버튼의 상태를 확인하기 때문에 버튼을 한

번 누를 때마다 (믿을 수 없을 정도로 빠르게 버튼을 눌렀다가 손을 떼지 않는 이상은) 두 줄 이상의 문장이 출력된다. 버튼의 상태를 확인하는 주기는 파이썬의 time.sleep(.01) 구문으로 제어한다.

왜 버튼의 상태를 연속적으로 확인하는 대신 일정한 시간 간격을 두고 확인하도록 했을까? 만약 프로그램에서 time.sleep(.01) 구문을 삭제하면 반복 구문이 매우 빠르게 실행되기 때문에 버튼을 눌렀을 때의 반응도 훨씬 빨라진다. 하지만 이렇게 하면 몇 가지 단점이 생긴다. 첫째, 파이썬 스크립트가 보드의 프로세서를 지속적으로 점유하는 상태가 되기 때문에 다른 프로그램이 작동하기 어려워진다. 게다가 라즈베리 파이가 소비하는 전력도 늘어난다. 다른 프로그램들도 보드의 자원을 나눠서 쓸 수 있도록 하려면 button.py 프로그램이 자원을 홀로 독차지 하지 않도록 주의해야 한다.

이제 버튼을 한 번 누르면 텍스트를 한 번만 출력하도록 코드에 몇 줄을 더 추가하자.

```
import RPi.GPIO as GPIO
import time

GPIO.setmode(GPIO.BCM)
GPIO.setup(24, GPIO.IN)

count = 0

while True:
    inputValue = GPIO.input(24)
    if (inputValue == True):
        count = count + 1
        print("Button pressed " + str(count) + " times.")
        time.sleep(.3) ❶
    time.sleep(.01)
```

❶ 버튼이 눌렀을 때 한 번만 반응할 수 있도록 해준다.

새로 추가한 코드는 버튼을 눌렀을 때 텍스트를 출력하는 반응이 한

번만 일어나도록 하는 데 도움이 된다. 하지만 완벽한 해결책은 아니다. 버튼을 길게 눌러 보자. 버튼을 누르고 있으면 count가 변하면서 초당 약 세 번씩 텍스트가 출력될 것이다. 이번에는 버튼을 짧게 누르는 과정을 몇 번 반복해 보자. 버튼을 초당 세 번 이상 누르면 각각의 작동을 인식하지 못하기 때문에 버튼을 누르는 횟수만큼 count가 늘어나지 않는다.

이는 '폴링 기법'으로 디지털 입력 상태를 확인할 때 부딪히는 문제다. 이 문제를 해결하는 방법 중 하나는 '인터럽트(Interrupt)' 기법을 활용하는 것이다. '인터럽트'란, 어떤 핀의 상태가 변하는 것을 하드웨어가 감지하면 특정한 코드 블록이 실행되도록 설정하는 방법이다. RPi.GPIO에서는 현재 인터럽트를 실험적으로 지원하고 있으며 라이브러리 문서[2]를 보면 이 기법에 대한 사용법을 확인할 수 있다.

9.4 프로젝트: 간단한 사운드보드 만들기

이제 라즈베리 파이의 입력을 처리할 수 있게 되었으니, 파이썬의 Pygame 모듈에 있는 소리 관련 함수들을 사용하여 사운드보드를 만들어 보자. 사운드보드는 버튼을 눌러서 녹음되어 있는 소리를 재생하는 장치다. 사운드보드를 제작하려면 아래의 부품들을 준비해야 한다.

· 푸시 버튼 세 개
· F-M 점퍼 선
· 다양한 길이의 훅업 와이어
· 브레드보드

2 https://pypi.python.org/pypi/RPi.GPIO

- 10K옴 저항 세 개
- 컴퓨터용 스피커, 또는 스피커가 내장된 HDMI 모니터

압축하지 않은 .wav 포맷의 파일도 몇 개 필요하다. 라즈베리 파이에는 이미 몇 개의 사운드 파일이 내장되어 있어서 시험용으로 사용할 수 있다. 사운드보드가 완성된 이후에는 언제든지 이 파일들을 다른 파일들로 쉽게 교체할 수 있다. 단, 교체할 새로운 소리 파일들은 .wav 포맷의 파일들이어야 한다. 먼저 회로부터 만들어 보자.

1. F-M 점퍼 선으로 라즈베리 파이의 그라운드 핀과 브레드보드의 마이너스 전원 버스를 연결한다.
2. F-M 점퍼 선으로 라즈베리 파이의 3.3V 핀과 브레드보드의 플러스 전원 버스를 연결한다.
3. 푸시 버튼 세 개를 브레드보드에 꽂는다. 버튼은 브레드보드 가운데 도랑의 각 반대편에 걸쳐져야 한다.
4. 표준 점퍼 선이나 짧은 훅업 와이어들을 사용하여 브레드보드의 플러스 전원 버스와 버튼의 위쪽 핀들을 연결한다.
5. 풀다운 저항을 추가한다. 각 버튼의 아래쪽 핀과 그라운드를 10K옴 저항으로 연결한다.
6. F-M 점퍼 선으로 각 버튼의 아래쪽 핀(10K옴 저항이 연결된 핀)과 라즈베리 파이의 핀들을 연결한다. 이때 사용할 라즈베리 파이의 핀 번호는 23, 24 그리고 25번이다.

그림 9-2에서 완성된 회로도를 확인할 수 있다. 이 회로도는 하드웨어를 디자인할 때 유용한 프릿징(Fritzing)[3]이라는 오픈 소스 도구로 그렸다.

---

3 http://fritzing.org/home/

그림 9-2. 사운드보드 프로젝트에 사용할 회로도

이제 브레드보드 회로가 완성되었으니 코드를 작성할 차례다.

1. 홈 디렉터리에 새로운 디렉터리를 만든 다음 soundboard라고 이름을 지정한다.
2. 폴더를 열고 그 안에 soundboard.py라는 새로운 파일을 만든다.

3. soundboard.py를 열고 아래의 코드를 기입한다.

```python
import pygame.mixer
from time import sleep
import RPi.GPIO as GPIO
from sys import exit

GPIO.setmode(GPIO.BCM)
GPIO.setup(23, GPIO.IN)
GPIO.setup(24, GPIO.IN)
GPIO.setup(25, GPIO.IN)

pygame.mixer.init(48000, -16, 1, 1024) ❶

soundA = pygame.mixer.Sound("/usr/share/sounds/alsa/Front_Center.wav") ❷
soundB = pygame.mixer.Sound("/usr/share/sounds/alsa/Front_Left.wav")
soundC = pygame.mixer.Sound("/usr/share/sounds/alsa/Front_Right.wav")

soundChannelA = pygame.mixer.Channel(1) ❸
soundChannelB = pygame.mixer.Channel(2)
soundChannelC = pygame.mixer.Channel(3)

print "Soundboard Ready." ❹

while True:
    try:
        if (GPIO.input(23) == True): ❺
            soundChannelA.play(soundA) ❻
        if (GPIO.input(24) == True):
            soundChannelB.play(soundB)
        if (GPIO.input(25) == True):
            soundChannelC.play(soundC)
        sleep(.01) ❼
    except KeyboardInterrupt: ❽
        exit()
```

❶ pygame의 믹서를 초기화한다.

❷ 소리 파일을 불러온다.

❸ 소리 파일 세 개를 동시에 재생할 수 있도록 소리 하나당 하나 의 채널을 설정한다.

❹ 사용자가 사운드보드의 준비 상태를 확인할 수 있도록 한다(파 이썬 2 식의 구문으로 텍스트를 출력한다).

❺ 핀의 전압이 높으면 그 다음의 행을 실행한다.

❻ 소리를 재생한다.

❼ 버튼을 확인하는 주기를 불필요하게 높여서 프로세서를 독점하지 않도록 주의한다.

❽ 사용자가 Ctrl-C를 누르면 깔끔하게 스크립트를 종료할 수 있다.

4. 터미널에서 soundboard.py를 저장한 폴더로 이동하여 파이썬 2로 스크립트를 실행한다.

```
pi@raspberrypi ~/soundboard $ sudo python soundboard.py
```

5. 콘솔에 "Soundboard Ready"라는 메시지가 출력되면 버튼을 눌러서 소리 샘플들을 재생한다.

> 🖉 파이썬 3에서 사용할 수 있는 Pygame 버전도 있지만, 라즈베리 파이에는 기본적으로 파이썬 2용만 설치되어 있다.

소리는 라즈베리 파이의 설정에 따라 HDMI 단자에 연결된 모니터에서 출력되거나 아니면 3.5mm 아날로그 오디오 출력 잭을 통해 나올 수도 있다. 소리가 출력되는 단자를 수정하려면 Ctrl-C를 눌러 스크립트를 종료하고 다음의 명령을 실행한다. 먼저, 아날로그 오디오 잭으로 소리를 출력하는 명령은 아래와 같다.

```
pi@raspberrypi ~/soundboard $ sudo amixer cset numid=3 1
```

HDMI 단자를 통해 모니터로 소리를 출력하는 명령은 아래와 같다.

```
pi@raspberrypi ~/soundboard $ sudo amixer cset numid=3 2
```

물론, 내장된 파일들의 소리는 그다지 흥미롭지 않다. 따라서 보다 재미있는 소리(가령, 손뼉, 웃음, 부저, 쿵 소리 등)로 교체해 보자. 소리 파일들을 사운드보드 디렉터리에 추가한 뒤 해당 파일을 지칭할 수 있도록 코드를 수정한다. 사운드보드에 소리의 종류를 더 추가하고 싶으면 버튼도 추가하고 코드도 필요한 만큼 수정한다.

9.5 더 알아보기

RPi.GPIO 라이브러리

RPi.GPIO 라이브러리는 여전히 활발하게 개발되고 있다. 그러니 홈페이지를 방문하여 최신 업데이트나 소식을 확인하자. (http://sourceforge.net/projects/raspberry-gpio-python/)

10

아날로그 입력과 출력

8장에서는 디지털 입력과 출력에 대해 알아보았다. 이때 사용한 부품은 버튼, 스위치, LED 그리고 릴레이다. 이 부품들은 on이나 off 상태로만 다뤘을 뿐, 그 중간 상태를 처리하도록 다루지는 않았다. 하지만 이 세상의 모든 것들이 on이나 off 상태로만 있는 것은 아니다. 프로젝트에 따라서는 온도, 거리, 빛의 밝기 또는 다이얼 스위치 등과 같이 어떤 특정한 범위 내에서 변하는 값을 측정해야 할 때도 있다.

프로젝트를 하다 보면, 어떤 장치를 on이나 off 외의 상태로 제어하고 싶을 때가 있을 것이다. 가령, LED를 켜고 끄는 것만이 아니라 밝기를 조절하고 싶을 수도 있고, 또는 모터를 회전시키거나 정지시키는 것 외에 속도를 제어하고 싶을 때도 있다. 아날로그와 디지털은 그림 10-1 (188쪽)에 보이는 전통적인 조명 스위치와 조광 스위치에 비유할 수 있다.

그림 10-1. 디지털은 왼쪽에 보이는 스위치와 같다. 켜거나 끌 수만 있다.
그에 비해 아날로그는 완전히 켜거나 끄는 것 사이의 중간 단계로 설정하는 것이 가능하다.

10.1 출력: 디지털을 아날로그로 변환하기

이번에도 9장과 마찬가지로 GPIO 파이썬 모듈을 사용한다. 이 모듈은
최신 라즈비안 리눅스 버전에 이미 설치되어 있다. 또한 아직은 실험
적인 기능이기는 하나 GPIO 모듈에는 핀을 '마치' 조광 스위치처럼 제
어할 수 있는 기능도 탑재되어 있다.

앞에서 GPIO 모듈이 출력 핀을 '마치' 조광 스위치처럼 제어할 수
있다고 표현했는데, 이는 모듈이 핀의 출력을 PWM, 즉 펄스폭 변조
(Pulse-Width Modulation) 방식으로 처리하여 핀에 전압의 변화가 있
는 것처럼 느껴지도록 만들기 때문이다. 하지만 실제로 모듈은 펄스
로 핀을 켜고 끄는 작동을 매우 빠르게 제어하고 있을 뿐이다. 핀의 전
압이 반으로 낮아졌다는 느낌을 주려면 핀의 펄스를 변조하여 특정한
시간 동안 50%는 켜진 상태를 유지하고, 50%는 꺼진 상태를 유지하도
록 한다. 마찬가지로, 만약 핀의 출력이 20% 정도로 낮아졌다는 느낌
을 주려면 특정 시간 동안 핀의 전압이 높아지는 비율이 20%가 되도록
하고, 나머지 80%의 비율 동안에는 핀의 전압이 낮아지게 해야 한다.

전체 사이클(Cycle)의 시간 중 켜져 있는 시간의 비율을 듀티 사이클(Duty cycle) 또는 사용률이라고 한다(그림 10-2). 라즈베리 파이의 핀에 LED를 연결한 뒤 사용률이 바뀌도록 제어하면 마치 LED의 밝기를 제어하는 것처럼 보이게 된다.

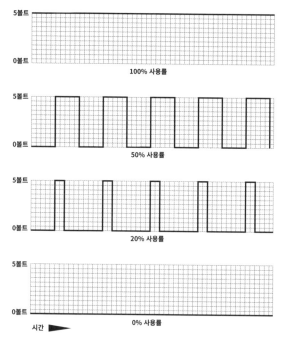

그림 10-2. 사용률(Duty cycle)은 켜지거나 꺼지는 사이클이 반복되는 총 시간에 비하여 켜져 있는 시간이 차지하는 비율을 의미한다.

PWM 구동 시험하기

다음의 몇 단계는 파이의 데스크톱 환경을 기준으로 설명한다. 하지만 명령어 인터페이스에서도 동일한 파이썬 스크립트를 작성해서 실행할 수 있으니 자신에게 편한 방식으로 진행하면 된다.

1. 152쪽의 '초보자를 위한 브레드보드 사용법 안내'를 참고하여 25번 핀에 LED를 연결한다.

2. 데스크톱의 File Manager을 클릭하여 연다.

3. 홈 디렉터리에 있는지 확인한다. 홈 디렉터리의 경로는 /home/ pi이다. 만약 현재 홈 디렉터리에 있지 않다면 창의 상단에 있는 Home Folder를 클릭한다.

4. 홈 디렉터리에 fade.py라는 파일을 새로 만든다. 홈 디렉터리 창의 빈 공간에서 마우스 오른쪽 클릭을 하고, 'Create New' 항목 안에 있는 'Empty File'을 클릭하면 새 파일을 만들 수 있다. 파일 이름은 fade.py로 지정하고 OK 버튼을 클릭한다.

5. fade.py를 더블 클릭하면 기본 텍스트 편집기인 LeafPad에서 파일을 열 수 있다.

6. 다음 코드를 기입하고 파일을 저장한다.

```
import RPi.GPIO as GPIO
import time

GPIO.setmode(GPIO.BCM)
GPIO.setup(25, GPIO.OUT)

p = GPIO.PWM(25, 50) ❶
p.start(0) ❷

while True:
    for dc in range(0, 100, 5): ❸
        p.ChangeDutyCycle(dc) ❹
        time.sleep(0.05)
    for dc in range(100, 0, -5): ❺
        p.ChangeDutyCycle(dc)
        time.sleep(0.05)
```

❶ p라는 PWM 객체를 만들고 GPIO 핀 25번에 50Hz의 빈도를 설정한다.

❷ p의 PWM을 시작한다.

❸ 아래의 들여쓰기한 코드를 반복 실행한다. 코드가 반복 실행될 때마다 dc의 값은 5만큼씩 증가한다. dc의 초깃값은 0이며 100까지 증가할 수 있다.

❹ dc의 값을 p의 사용률로 지정한다.

❺ 아래의 들여쓰기한 코드를 반복 실행한다. 코드가 반복 실행될 때마다 dc의 값은 5만큼씩 감소한다. dc의 초깃값은 100이며 0까지 감소할 수 있다.

7. LXTerminal을 열고 현재 작업 디렉터리를 홈 디렉터리로 바꾼 뒤 스크립트를 실행한다.

```
pi@raspberrypi ~/Development $ cd ~
pi@raspberrypi ~ $ sudo python fade.py
```

8. 이제 LED가 서서히 밝아졌다가 서서히 어두워지는 과정을 반복할 것이다.

9. Ctrl-C를 눌러서 실행 중인 스크립트를 종료하고 명령 행으로 돌아간다.

아두이노와 같은 마이크로컨트롤러를 사용한 경험이 있는 독자라면, 라즈베리 파이의 PWM 펄스는 아두이노와 달리 다소 불안정하다는 것을 눈치챌 것이다. 이는 이번 예제에서 CPU에 의존하는 방식으로 LED의 밝기를 제어하고 있기 때문이다. CPU 하나가 다수의 프로세스를 처리해야 하기 때문에 정확한 시간에 맞춰 밝기를 제어하는 일은 비교적 어려운 편이다. 만약 더 정확하게 제어해야 한다면 에이다프루트의 PWM/서보 드라이버와 같은 외부 하드웨어를 사용하는 것도 좋은 방법이다.

PWM의 다양한 용도

펄스폭 변조 방식으로 LED를 서서히 밝히거나 어둡게 만들 수 있다는 것은 RGB LED를 연결해서 빨강, 초록 그리고 파랑 핀의 밝기를 각각 조절하여 다양한 색깔을 표현할 수 있다는 의미이기도 하다.

펄스폭 변조 방식을 이용하면 라즈베리 파이로 트랜지스터를 작동시켜 직류 모터의 속도를 제어할 수도 있다. 뿐만 아니라 모형 자동차 (RC 자동차 같은)의 조향 장치를 제어하는 서보 모터에 특정한 전기 펄스를 전달하여 자동차의 방향을 바꿀 수도 있다. 물론, 라즈베리 파이로 모터들을 구동하기 위해서는 추가적인 하드웨어와 전원 장치가 필요하다.

10.2 입력: 아날로그를 디지털로 변환하기

라즈베리 파이로 GPIO 핀의 출력 범위를 0부터 100 사이의 척도로 제어했듯이, GPIO 핀에 센서를 연결하고 값을 읽으면 센서가 출력하는 특정한 범위의 값을 입력 받을 수 있다. 만약 방의 온도나 조명의 밝기 또는 판 위에 가해지는 압력을 측정하고 싶다면 측정 대상에 부합하는 적절한 센서를 사용한다. 한편, 아두이노와 같은 마이크로컨트롤러는 아날로그 전압을 디지털 데이터로 변환하는 특수한 하드웨어를 갖추고 있다. 하지만 불행히도 라즈베리 파이에는 이러한 하드웨어가 장착되어 있지 않다.

이 절에서는 ADC, 즉 아날로그 디지털 변환기를 사용하여 아날로그를 디지털로 바꾸는 방법을 소개한다. 시중에는 다양한 ADC 모델이 출시되어 있지만 이 장에서는 텍사스 인스트루먼트의 ADS1115를 사용한다. ADS1115 칩의 패키지는 표준 브레드보드에서 사용하기에는 너무 작다. 하지만 에이다프루트에서 출시한 연결 보드로 쉽게 사용할 수 있다(그림 10-3). 연결 보드에 헤더 핀만 납땜하면 이 칩을 바로 브레드보드에 꽂아서 프로토타입을 만들 수 있다. 이 칩은 I2C 프로토콜을 사용하여 아날로그 값을 전송하는데, 다행히 에이다프루트는 ADS1115와 ADS1015에서 I2C 방식으로 값을 읽을 수 있는 훌륭한 오픈 소스 라이브러리를 제공하고 있다. 덕분에 이 프로토콜에 대한 깊은 지식이 없는 사용자들도 쉽게 사용할 수 있다.

> 🖉 [옮긴이] 에이다프루트의 ADS1015 연결 보드 국내 공급처는 다음과 같다.
>
> - 엘레파츠 (http://goo.gl/hsyZ68)
> - 로봇사이언스몰 (http://goo.gl/XLYmst)
> - 가치창조기술 (http://goo.gl/wslICO)

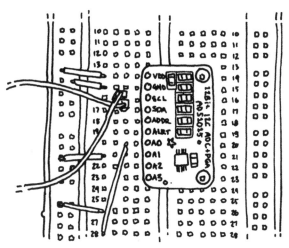

그림 10-3. 에이다프루트의 ADS1115 아날로그 디지털 변환기용 연결 보드

ADS1115를 라즈베리 파이에 연결하는 과정은 다음과 같다.

1. 라즈베리 파이의 3.3V 핀과 브레드보드의 플러스 전원 버스를 연결한다. 라즈베리 파이의 GPIO 핀 배치에 대해서는 151쪽 그림 8-2를 참고한다.
2. 라즈베리 파이의 그라운드 핀을 브레드보드의 마이너스 전원 버스에 연결한다.
3. ADS1115를 브레드보드에 꽂고 점퍼 선을 사용하여 VDD 핀을 브레드보드의 플러스 전원 버스에 연결한다. GND 핀은 브레드보드의 마이너스 전원 버스에 연결한다.
4. ADS1115의 SCL 핀과 라즈베리 파이의 SCL 핀을 연결한다. 파이의 SCL 핀은 GPIO 헤더의 그라운드 핀 바로 옆에 있다.
5. ADS1115의 SDA 핀과 라즈베리 파이의 SDA 핀을 연결한다. 파이의 SDA 핀은 GPIO 헤더의 SCL 핀과 3.3V 핀 사이에 있다.

이제 ADS1115에 아날로그 센서를 연결해야 한다. 사용할 수 있는 아날로그 센서는 많지만 이번 실습에서는 2K옴 퍼텐쇼미터(Potentiometer)를 사용해서 라즈베리 파이가 다이얼 입력을 받게 할 것이다. 퍼텐쇼미터 또는 팟(Pot)은 말하자면 가변적인 전압 분할기다. 다이얼 방식이나 슬라이더 방식의 제품들이 출시되어 있다.

> ✏️ 꼭 2K옴의 퍼텐쇼미터를 사용해야만 하는 것은 아니다. 10K옴이나 1M옴의 퍼텐쇼미터를 갖고 있다면 얼마든지 사용해도 된다.

퍼텐쇼미터는 다음 절차에 따라 ADS1115에 연결한다.

1. 퍼텐쇼미터를 브레드보드에 꽂는다.
2. 퍼텐쇼미터에는 핀이 세 개 달려있다. 가운데 핀을 ADS1115의 A0 에 연결한다.
3. 퍼텐쇼미터의 양 끝에 있는 핀 중 하나를 브레드보드의 플러스 전원 버스에 연결한다. 지금은 양 끝의 아무 핀이나 연결해도 상관없다.
4. 퍼텐쇼미터의 나머지 핀은 브레드보드의 마이너스 전원 버스에 연결한다.

완성된 회로의 배선 구조는 그림 10-4와 같다.

그림 10-4. ADS1115 연결 보드를 사용하여 퍼텐쇼미터를 라즈베리 파이에 연결한 모습

퍼텐쇼미터의 값을 읽기 전에 먼저 I2C를 활성화하고 몇 개의 라이브 러리를 설치해야 한다.

1. 명령어 인터페이스에서 루트 권한으로 raspi-blacklist.conf를 연다.

```
$ sudo nano /etc/modprobe.d/raspi-blacklist.conf
```

I2C를 이 블랙리스트에서 제거해야 한다. blacklist i2c-bcm2708이라고 표기된 행의 맨 앞에 다음과 같이 해시(#) 마크를 기입한다.

```
blacklist spi-bcm2708
#blacklist i2c-bcm2708
```

> 📝 **옮긴이** 만약 raspi-blacklist.conf 파일을 찾을 수 없다면 먼저 라즈베리 파이의 환경 설정에서 I2C를 활성화시켜야 한다. 다음과 같이 환경 설정을 실행한다.
>
> $ sudo raspi-config
>
> 그다음 'Advanced Options → I2C'로 이동하여 SPI와 I2C 인터페이스를 활성화한다. raspi-blacklist.conf 파일은 인터페이스를 활성화하면 즉시 생성되지만 지금은 아무 내용도 기입되어 있지 않다. 인터페이스를 제대로 활성화하려면 라즈베리 파이를 재부팅해야 한다. 파이가 재부팅되면 다시 처음 단계부터 시작한다.

2. Ctrl-X를 눌러서 편집을 마치고, y를 눌러서 파일을 저장한다.
3. 이제 /etc/modules를 연다.

```
$ sudo nano /etc/modules
```

4. 파일 맨 끝에 아래와 같이 i2c-dev를 추가한다.

```
# /etc/modules: kernel modules to load at boot time.
#
# This file contains the names of kernel modules that should be loaded
# at boot time, one per line. Lines beginning with "#" are ignored.
# Parameters can be specified after the module name.
```

```
snd-bcm2835
i2c-dev
```

5. Ctrl-X를 눌러서 편집을 종료하고 y를 눌러서 파일을 저장한다.

6. 패키지 목록을 업데이트한다.

```
$ sudo apt-get update
```

7. i2c-tools 툴과 python-smbus를 설치한다.

```
$ sudo apt-get install i2c-tools python-smbus
```

8. 라즈베리 파이를 재시작한다.

9. 라즈베리 파이가 재시작되면 ADS1115를 인식하는지 시험한다. 라즈베리 파이 1 revision 1 보드를 사용할 경우에는 아래와 같은 명령어를 입력한다.

```
$ sudo i2cdetect -y 0
```

라즈베리 파이 1 revision 2 이상 보드를 사용할 경우에는 아래와 같은 명령어를 입력한다.

```
$ sudo i2cdetect -y 1
```

10. ADS1115 보드를 인식하면 다음과 같은 숫자들이 출력된다.

```
     0  1  2  3  4  5  6  7  8  9  a  b  c  d  e  f
00:          -- -- -- -- -- -- -- -- -- -- -- --
10: -- -- -- -- -- -- -- -- -- -- -- -- -- -- -- --
20: -- -- -- -- -- -- -- -- -- -- -- -- -- -- -- --
30: -- -- -- -- -- -- -- -- -- -- -- -- -- -- -- --
40: -- -- -- -- -- -- -- -- 48 -- -- -- -- -- -- --
50: -- -- -- -- -- -- -- -- -- -- -- -- -- -- -- --
60: -- -- -- -- -- -- -- -- -- -- -- -- -- -- -- --
70: -- -- -- -- -- -- -- --
```

11. 파이에 ADC 장치를 연결해서 인식하는 과정까지 마쳤다면 이제 퍼텐쇼미터의 값을 읽을 차례가 되었다. 먼저 에이다프루트의 코드 저장소에서 라즈베리 파이 파이썬 라이브러리를 홈 디렉터리로 다운로드 해야 한다. 셸 프롬프트에서 다음의 명령어를 입력한다. URL은 띄어쓰기 없이 모두 한 줄에 작성하도록 한다.

```
$ wget https://github.com/adafruit/Adafruit-Raspberry-Pi-Python-Code/
archive/master.zip
```

12. 압축을 푼다.

```
$ unzip master.zip
```

13. 라이브러리의 ADS1x15 디렉터리로 이동한다.

```
$ cd Adafruit-Raspberry-Pi-Python-Code-master/Adafruit_ADS1x15
```

14. 예제 파일을 하나 실행한다.

```
$ sudo python ads1x15_ex_singleended.py
0.734625
```

> 🖊 예제로 사용한 파이썬 스크립트인 ads1x15_ex_singleended.py는 기본적으로 ADS1115 칩용으로 설정되어 있다. 만약 ADS1015 칩을 사용하고 있다면 스크립트 파일에서 adc = ADS1x15 = (ic=ADS1115)라고 작성된 행을 찾아 ADS1115를 ADS1015로 고쳐 쓴다.

15. 퍼텐쇼미터를 완전히 끝까지 돌린 다음 다시 스크립트를 실행한다. 값이 바뀌어 있는 것을 확인할 수 있을 것이다.

```
$ sudo python ads1x15_ex_singleended.py
3.290750
```

16. 이번에는 퍼텐쇼미터를 반대 방향으로 끝까지 돌린 다음 다시 한 번 스크립트를 실행한다.

```
$ sudo python ads1x15_ex_singleended.py
0.000500
```

실험을 통해 살펴보았듯이, 퍼텐쇼미터의 다이얼을 돌리면 ADS1115의 0번 채널에 유입되는 전압이 변한다. 다음 예제의 코드에서는 전압값을 판단하기 위해 ADC로부터 들어오는 데이터에 약간의 수학적인 처리를 가한다. 물론, 사용하는 센서에 따라 적용해야 하는 수학식은 달라질 수 있다.

동일한 디렉터리에 새로운 파일을 만들고 예제 10-1의 코드를 기입한다.

예제 10-1. ADC 값을 지속적으로 읽기

```
from Adafruit_ADS1x15 import ADS1x15 ❶
from time import sleep

adc = ADS1x15() ❷

while True:
    result = adc.readADCSingleEnded(0) ❸
    print result
    sleep(.5)
```

❶ 에이다프루트의 ADS1x15 라이브러리를 불러온다.

❷ adc라는 ADS1x15 객체를 새로 만든다.

❸ ADS1115의 A0 채널에서 값을 읽어서 result에 저장한다.

루트 권한으로 이 코드를 실행하면 0.5초마다 한번씩 값을 읽어서 원래 숫자를 출력한다. 퍼텐쇼미터를 돌리면 값이 올라가거나 내려간다.

일단 모든 설정을 마치고 나면 온갖 복잡한 처리는 에이다프루트의 ADS1x15 라이브러리가 대신 해주기 때문에 프로젝트에 아날로그 센서를 손쉽게 사용할 수 있다. 가령, 자신만의 핑퐁 게임을 만들고 싶다면 Pygame으로 만든 게임에 두 개의 퍼텐쇼미터로부터 읽은 값을 반영하여 화면에 표시할 수 있다. Pygame에 대해서는 5장을 참고한다.

가변저항

퍼텐쇼미터는 어떤 변화 요인(사용자가 다이얼을 돌리는 등의 행위)이 발생하면 전압이 변한다. 이와 유사한 방식, 즉 전압이 변하는 방식으로 작동하는 아날로그 센서들은 많지만, 모든 아날로그 센서가 전압이 바뀌는 방식으로 작동하는 것은 아니다.

어떤 센서들은 단지 가변적인 저항일 뿐이다. 그래서 특정한 요인에 따라 전기의 흐름을 방해하는 저항의 정도가 바뀐다. 가령, 그림 10-5의 왼쪽에 보이는 LDR(Light Dependent Resistor, 조도 센서)의 경우 감광 소자에 빛이 닿는 양에 따라 저항 값이 바뀐다. 빛의 양이 많으면 많을수록 저항 값은 떨어진다. 반대로 빛을 차단하면 저항 값이 올라간다. FSR(Force-Sensitive Resistor, 압력 감지 센서)은 동그란 압력 감지 판을 누르면 저항 값이 떨어진다.

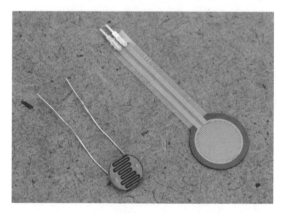

그림 10-5. LDR과 FSR은 가변저항처럼 작동하며 아날로그 입력장치로 사용할 수 있다.

아날로그 입력 핀에서 이러한 센서들의 값을 읽으려면 전압 분할기 회로를 구성해야 한다.

전압 분할기 회로

저항 값이 변하는 센서를 사용할 때는 전압 분할기 회로를 구성해야 한다. 전압 분할기는 가변저항 값을 가변 전압 값으로 바꿔서, 전압의 값을 측정하는 아날로그 입력 핀이 이해할 수 있도록 만들어 주는 회로다. 먼저, 간단한 전압 분할기를 살펴보도록 하자.

그림 10-6을 보면 저항 값이 같은 두 개의 저항이 플러스 전원 버스와 마이너스 전원 버스 사이에 직렬로 연결되어 있다. 또한 두 저항 사이의 터미널은 아날로그 입력 핀 0번에 연결되어 있다. 두 저항 모두

그림 10-6. 같은 값의 저항 두 개를 전원과 그라운드 사이에 직렬로 연결하면
두 저항 사이에서 측정한 전압의 값은 연결된 전원의 반으로 떨어진다.

10K옴이기 때문에 3.3V 전압의 반에 해당하는 약 1.65V가 아날로그 0번 핀으로 입력된다.

전기에 대한 골치 아픈 수학 문제는 잠시 뒤로 미뤄두고, 몇 가지 실험을 해보자. 3.3V에 연결된 10K옴 저항을 빼고 저항 값이 더 큰 저항을 꽂으면 아날로그 핀에 유입되는 전압은 떨어진다. 반대로, 10K옴 저항 대신 저항 값이 낮은 저항으로 교체하면 아날로그 핀에 전달되는 전압은 높아진다. 이러한 원리를 가변저항인 센서에 적용하면 아날로그 입력 핀으로 전압의 값을 측정할 수 있다. 그림에 보이는 두 개의 저항 중 하나를 센서로 교체하면 된다.

이제 회로를 시험하기 위해 가변저항인 FSR, 즉 압력 감지 센서를 연결할 것이다.

FSR(압력 감지 센서)

FSR은 압력을 감지하는 판에 가해지는 힘의 크기에 따라 저항의 값이 변하는 가변저항이다. 감압판에 가해지는 힘이 없다면 회로가 개방되며, 힘을 가하기 시작하면 저항의 값도 떨어지기 시작한다.

저항의 정확한 수치는 FSR마다 다르다. 하지만 통상적으로는 살짝 눌렀을 때 저항의 값이 약 100K옴까지 올라가고, 최대한 꾹 누르면 저항의 값이 1옴 정도로 떨어진다. 멀티미터가 있다면 사용하고 있는 FSR의 저항 값을 직접 측정해서 범위를 파악한다. 멀티미터가 없다면 부품의 데이터시트에 나와 있는 저항의 변화 폭을 참고한다.

그림 10-6에 보이는 두 개의 저항 중 3.3V에 연결된 저항을 FSR과 같은 가변저항으로 바꾼다면, 그라운드에 연결된 저항은 FSR의 최소 저항 값과 최대 저항 값 사이의 값을 가지는 저항으로 바꿔야 센서 값의 범위를 최대한 활용할 수 있다. 일반적인 FSR의 경우 10K옴 저항을

사용하면 된다. 이제 다음 단계에 따라 FSR을 시험해 보자.

1. 그림 10-7과 같이 FSR을 ADC에 연결한다.
2. 예제 10-1의 코드를 다시 실행한다.
3. FSR을 누르며 화면에 출력되는 값의 변화를 확인한다.

만약 별다른 문제가 없다면, FSR을 세게 누를수록 화면에 출력되는 값
도 올라가는 것을 볼 수 있을 것이다. 더욱 세게 누르면 누를수록 FSR
에서 뻗어 나온 두 핀 사이의 저항은 줄어들고 덕분에 아날로그 입력
핀에 유입되는 전압의 값은 높아지게 된다.

앞으로 FSR과 같은 아날로그 센서를 많이 접하게 될 것이다. 그럴
때는 간단한 전압 분할기 회로(201쪽)를 구성해서 아날로그 디지털 변
환기에 연결한 뒤 라즈베리 파이로 센서의 데이터를 읽으면 된다.

fritzing

그림 10-7. FSR을 ADC에서 사용하려면 그림과 같은 전압 분할기 회로를 구성해야 한다.

10.3 더 알아보기

PWM으로 DC 모터 제어하기

에이다프루트를 방문하면 PWM으로 DC 모터의 속도를 제어하는 훌륭한 안내서를 볼 수 있다. (https://learn.adafruit.com/adafruit-raspberry-pi-lesson-9-controlling-a-dc-motor)

ADC를 사용하지 않고 가변저항 센서 읽기

에이다프루트에서는 ADC 칩을 사용하지 않고도 간단한 회로를 구성하여 가변저항류의 아날로그 센서를 읽는 방법도 소개하고 있다. (https://learn.adafruit.com/basic-resistor-sensor-reading-on-raspberry-pi)

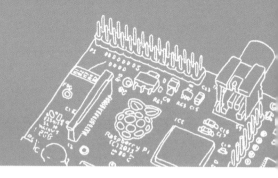

11
카메라 사용하기

라즈베리 파이와 같은 플랫폼을 DIY 테크놀로지 프로젝트에 적용하면 주변장치를 폭넓게 사용할 수 있다는 장점이 생긴다. 키보드나 마우스를 연결해서 사용할 수 있을 뿐만 아니라 프린터, 와이파이 어댑터, USB 드라이브, 추가적인 메모리 카드, 카메라 그리고 하드 드라이브와 같은 장치들도 연결할 수 있다. 이번 장에서는 라즈베리 파이 프로젝트에 카메라를 사용하는 몇 가지 방법에 대해 알아 본다.

웹캠은 키보드나 마우스처럼 흔하게 사용하는 장치는 아니지만 요즘의 최신 컴퓨터 환경에서는 거의 표준적인 주변장치로 자리잡고 있다. 최근 출시되는 대부분의 노트북에는 화면을 둘러싼 베젤의 위쪽에 작은 카메라가 내장되어 있다. 설령 카메라가 내장되어 있지 않더라도, 25달러 정도의 가격이면 어느 정도 인지도가 있는 USB 웹캠을 구입할 수 있다. 물론, 그보다 저렴한 카메라도 시중에서 얼마든지 쉽게 구할 수 있다.

라즈베리 파이 재단 관계자들은 라즈베리 파이에 최적화된 카메라 모듈도 출시했다(그림 11-1). 일반적인 USB 웹캠과는 다르게 공식 라즈베리 파이 카메라 모듈은 일반 전자 부품 매장에서는 잘 취급하지 않다. 하지만 라즈베리 파이를 판매하는 매장이라면 약 25달러 정도로 전용 카메라를 구입할 수 있을 것이다.

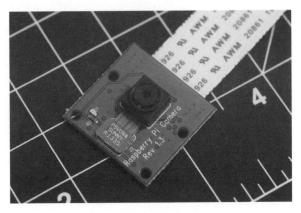

그림 11-1. 라즈베리 파이 카메라 모듈

USB 웹캠과는 달리 전용 카메라 모듈은 라즈베리 파이 보드의 카메라 직렬 인터페이스(CSI) 커넥터에 연결해서 사용해야 한다(그림 11-2). 라즈베리 파이 한가운데 장착된 브로드컴 칩은 이동 전화나 태블릿 PC에 맞게 특화되어 있다. 따라서 카메라도 마치 제조업체에서 이동 전화의 칩과 카메라를 연결하듯이 CSI 커넥터로 파이에 연결할 수 있다. 이 장은 공식 카메라 보드를 기준으로 프로젝트를 진행하고 예제를 설명한다. 하지만 USB 웹캠(그림 11-3)을 사용해도 대부분의 프로젝트와 예제를 따라할 수 있다.

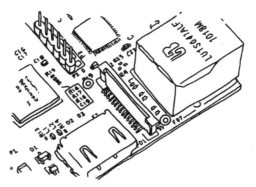

그림 11-2. 라즈베리 파이의 카메라 직렬 인터페이스(Camera Serial Interface, CSI)

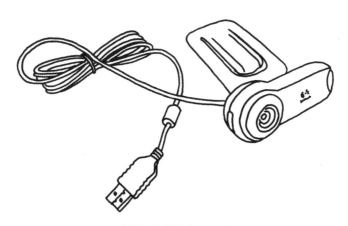

그림 11-3. 일반적인 USB 웹캠

11.1 카메라 모듈 연결 및 테스트

공식 카메라 모듈은 USB 장치에 비해 연결하는 방법이 직관적이지 않다. 하지만 일단 요령을 터득하면 그다지 어려울 것도 없다.

💣 카메라를 연결하기 전에 먼저 라즈베리 파이의 전원을 끈다.

다음 단계에 따라 카메라 모듈을 연결한다.

1. CSI 커넥터는 이더넷 포트 바로 뒤에 있다. 카메라를 연결하려면 커넥터의 가장자리를 잡고 살짝 들어 올린다. 커넥터의 작은 연결부가 위로 올라오면 이더넷 포트 방향으로 조금 밀어서 눕혀 준다 (그림 11-4 참고).

그림 11-4. 카메라 직렬 인터페이스 커넥터의 잠금 상태를 푸는 방법

2. 카메라 모듈의 납작한 리본 케이블을 CSI 커넥터에 밀어 넣는다. 이때 케이블은 금속 접촉부가 노출된 면이 이더넷 포트의 반대 방향을 향하도록 한다.

3. 한 손으로 리본 케이블 잡아 움직이지 않게 고정하고 조금 전 뽑아 올렸던 CSI 커넥터의 움직이는 부분을 다시 밀어 내려 리본 케이블

을 고정한다. 리본 케이블의 금속 접촉부는 커넥터 안으로 완전히 들어가지 않고 조금 남는다(그림 11-5 참고).

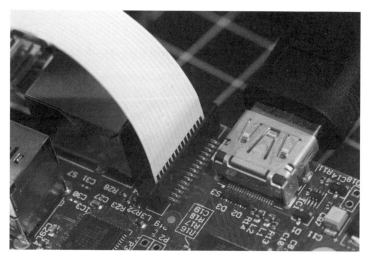

그림 11-5. 카메라 모듈의 리본 케이블에 있는 금속 접촉부 일부는 카메라 직렬
인터페이스 커넥터에 연결해서 고정한 다음에도 여전히 인터페이스 밖으로 노출된다.

4. 라즈베리 파이를 부팅하고 명령어 인터페이스에서 라즈베리 파이 환경 설정을 실행한다.

```
$ sudo raspi-config
```

5. '5 Enable Camera' 항목(27쪽 참조)으로 들어가 'Enable'을 선택하여 카메라를 활성화한다.

6. 'Finish'를 선택하고 라즈베리 파이를 다시 재부팅한다.

7. 재부팅을 하면 데스크톱 환경으로 로그인해서 터미널을 띄우고, 다음과 같이 카메라 테스트 명령을 실행한다.

```
$ raspistill -o test.jpg
```

별다른 문제가 없다면, 카메라 모듈에 장착된 LED가 잠깐 동안 켜지며 미리보기 이미지가 화면에 나타났다가 사라진다.[1] 하지만 만약 라즈베리 파이가 헤드리스 상태로 작동하고 있다면 미리보기 이미지가 화면에 나타나지 않는다. 미리보기 창이 사라진 뒤에는 카메라로 캡처된 JPEG 파일이 test.jpg라는 이름으로 현재 디렉터리에 저장된다.

　raspistill은 다양한 기능을 가진 매우 강력한 프로그램이다. 이 프로그램의 여러 가지 활용법을 알아보기 위해 다음과 같이 less로 명령어의 옵션들을 출력해 보자.

```
$ raspistill 2>&1 | less
```

위아래 화살표 키를 사용해서 옵션들을 살펴본 후에는 q 키를 눌러서 명령어 인터페이스로 돌아오자.

프로젝트: GIF 파일 만들기

raspistill에는 일정한 시간 간격을 두고 연속 사진을 찍는 기능이 있다. 이 기능과 함께 명령어 인터페이스 기반의 비디오 변환 소프트웨어인 ffmpeg을 사용하면 라즈베리 파이로 재미있는 GIF 애니메이션 파일을 만들 수 있다.

1.　먼저 ffmpeg을 설치한다.

```
$ sudo apt-get install ffmpeg
```

1　(옮긴이) 라즈베리 파이 카메라 모듈과 일부 동영상 재생 프로그램은 파이의 하드웨어 가속기를 이용한다. 그래서 VNC 등의 환경에서는 미리보기 이미지나 동영상 재생 화면이 나타나지 않을 수 있다. 따라서 이 장의 예제들은 가급적이면 라즈베리 파이에 모니터를 연결한 데스크톱 환경에서 실습하도록 한다. 한편, 이미지를 저장하는 기능은 VNC 환경에서도 정상적으로 작동한다.

2. 캡처한 이미지를 보관할 디렉터리를 새로 만들고 해당 디렉터리로 이동한다.

```
$ mkdir gif-test
$ cd gif-test
```

3. 카메라가 연결되어 있는지 확인한다. 이제 raspistill 명령으로 9초 동안 카메라를 작동시킨다. 카메라는 9초 동안 매 3초마다 640× 480픽셀 해상도의 이미지를 촬영해서 저장하는 과정을 반복할 것이다. 이를 위해 아래와 같이 옵션을 설정하고 프로그램을 실행한다. 저장할 때 파일 이름의 끄트머리에는 자동으로 1씩 증가하는 번호가 붙는다.

```
$ raspistill -t 9000 -tl 3000 -o image%02d.jpg -w 640 -h 480
```

4. 이제 ffmpeg 프로그램을 사용해서 저장한 파일들을 test.gif 파일로 변환한다.

```
ffmpeg -i image%02d.jpg -pix_fmt rgb24 test.gif
```

5. 데스크톱 환경에서 웹 브라우저로 test.gif 파일을 열고 결과를 확인한다. GIF 애니메이션을 볼 수 있을 것이다.

비디오 캡처

raspivid라는 명령어 인터페이스 기반 유틸리티를 사용하면 공식 라즈베리 파이 카메라 모듈로 비디오를 캡처할 수 있다. 비디오를 5초 동안 캡처해서 파일로 저장하려면 다음과 같이 입력한다.

```
$ raspivid -t 5000 -o video.h264
```

파일을 재생하려면 다음과 같이 입력한다.

```
$ omxplayer video.h264
```

raspistill과 마찬가지로 raspivid는 다양한 옵션을 제공하는 매우 강력한 프로그램이다. 이 프로그램의 잠재적인 활용법을 알아보려면 less로 옵션을 출력한다.

```
$ raspivid 2>&1 less
```

11.2 USB 웹캠 사용하기

시중에는 매우 다양한 웹캠이 있기 때문에 파이에서 정상적으로 작동하는 카메라를 이 책에서 일일이 다 나열할 수는 없다. 만약 라즈베리 파이에서 사용할 웹캠을 새로 구입하려 한다면, 인터넷을 검색해서 누군가 동일한 모델을 라즈베리 파이에서 사용한 적이 있는지 확인한 다음 구입하는 것이 안전하다. 또는 eLinux.org 사이트의 주변 장치 페이지에 있는 웹캠 섹션[2]에서 작동이 확인된 웹캠을 선택해도 된다.[3]

　라즈베리 파이에 키보드와 마우스 그리고 USB 웹캠을 모두 연결해서 사용하려면 라즈베리 파이에 유전원 USB 허브를 연결하는 편이 안전하다. 라즈베리 파이의 USB 포트는 공급할 수 있는 전류가 제한되어 있다. 따라서 키보드와 마우스 그리고 웹캠을 동시에 연결하면 라즈베리 파이가 충분한 전력을 공급하기 어려울 수 있으며, 경우에 따라서는 정상적으로 작동하지 않을 수도 있다. 그러므로 외부에서 별도로 전원을 공급 받는 유전원 허브를 사용하는 것이 좋다. 유전원 허브

---

2 http://elinux.org/RPi_VerifiedPeripherals#USB_Webcams
3 (옮긴이) 웹캠은 별도의 드라이버를 설치하지 않아도 되는 플러그 앤 플레이 방식을 선택하거나 또는 UVC 방식의 호환성 높은 제품을 선택하면 위험을 낮출 수 있다.

에 연결된 주변 장치는 허브를 통해 충분한 전력을 공급받을 수 있으므로 라즈베리 파이가 공급할 수 있는 최대 전력을 초과하는 일은 발생하지 않는다.

　라즈베리 파이에서 사용할 웹캠을 준비했다면 터미널에서 apt-get 명령으로 luvcview라는 프로그램을 설치한다. 이 프로그램은 카메라의 영상을 보여 주는 간단한 응용프로그램이다.

```
$ sudo apt-get install luvcview
```

apt-get 프로그램 설치가 끝나면 데스크톱 환경에서 터미널 창을 열고 luvcview 명령을 입력하여 응용프로그램을 실행한다. 그러면 /dev 폴더에서 첫 번째로 발견된 비디오 장치의 영상을 새로운 창에 보여 준다. 일반적으로는 /dev/video0 장치의 영상이 보이게 된다. 터미널 창에 출력된 프레임의 크기(Frame size)를 주목하자. 만약 비디오의 영상이 연속적으로 보이지 않고 뚝뚝 끊어진다면 프레임의 크기를 줄여서 상황을 개선할 수 있다. 가령, 비디오의 기본 크기가 640×480픽셀이라면 Ctrl-C를 눌러서 창을 닫고, 명령어 인터페이스에서 아래과 같이 영상의 크기를 반으로 줄이는 옵션을 추가한 다음 다시 luvcview를 실행한다.

```
$ luvcview -s 320x240
```

비디오의 영상이 보이지 않으면 책을 더 읽기 전에 문제를 해결하고 가야 한다. 문제를 해결하는 한 가지 방법은 라즈베리 파이에서 카메라를 분리했다가 다시 연결한 뒤 dmesg 명령을 실행하는 것이다. 그러면 진단 메시지들이 출력되어서 문제를 해결할 수 있는 단서를 발견할 수 있다.

11.3 SimpleCV 설치 및 테스트하기

이 책에서는 파이썬 코드로 웹캠을 제어할 때 SimpleCV(그림 11-6)를 사용한다. SimpleCV는 다양한 기능을 제공하는 오픈 소스 컴퓨터 비전 라이브러리다. SimpleCV를 사용하면 웹캠에서 이미지를 불러오고, 화면에 이미지를 표시하고, 이미지를 파일로 저장하는 작업을 쉽게 할 수 있다. 하지만 SimpleCV의 가장 큰 강점은 이 라이브러리가 제공하는 매우 흥미로우면서도 막강한 컴퓨터 비전 알고리즘이다. 덕분에 기본적인 이미지 변환 작업은 물론, 사진이나 동영상 내의 사물을 추적하거나 감지하고 나아가 인식까지 할 수 있다. 이 장의 마지막 부분에서는 SimpleCV로 얼굴을 인식하는 예제를 다룰 것이다(223쪽의 '얼굴 인식' 참고).

그림 11-6. SimpleCV 로고

파이썬용 SimpleCV를 설치하기에 앞서 관련 라이브러리들을 먼저 설치해야 한다. apt-get 명령으로 다음과 같이 설치한다.

```
$ sudo apt-get install python-opencv python-scipy python-numpy python-pip
```

매우 많은 라이브러리를 설치해야 하기 때문에 시간이 걸린다. 설치가 완료되면 이제 본격적으로 SimpleCV 라이브러리를 설치할 차례다.

```
$ sudo pip install https://github.com/ingenuitas/SimpleCV/zipball/master
```

이 과정이 끝나면 설치가 정상적으로 진행되었는지 확인할 수 있도록 파이썬의 대화형 인터프리터에서 SimpleCV 라이브러리를 불러온다.

```
$ python
Python 2.7.3 (default, Mar 18 2014, 05:13:23)
[GCC 4.6.3] on linux2
Type "help", "copyright", "credits" or "license" for more information.
>>> import SimpleCV
>>>
```

라이브러리를 불러올 때 별다른 문제가 발생하지 않는다면 SimpleCV 가 올바르게 설치된 것이다. 이제 다음 단계를 진행한다. 만약 USB 웹 캠을 사용하고 있다면 216쪽의 '이미지 표시하기'로 건너뛴다. 웹캠 대 신 라즈베리 파이 카메라 모듈을 사용하고 있다면, 다음의 몇 가지 추 가적인 조치들을 취해야 한다.

라즈베리 파이 카메라 모듈을 사용하기 위한 추가 조치들

SimpleCV는 Video4Linux(V4L) 드라이버 프레임워크로, USB 웹캠을 제어한다. 하지만 라즈베리 파이 카메라 모듈은 V4L로 직접 제어할 수 없다. 다행스럽게도 루카 리졸리아(Luca Risolia)라는 개발자가 라즈베 리 파이 카메라 모듈을 SimpleCV로 제어할 수 있는 드라이버를 만드 는 데 성공했다. 이제 해당 라이브러리를 설치하자. 다시 한번 말하지 만, USB 웹캠 사용자는 이 과정을 건너뛰어도 된다.

1. 명령어 인터페이스에서 아래의 명령을 실행하여 루카의 소프트웨 어 보관소를 apt-get에 추가한다.

   ```
   $ wget http://www.linux-projects.org/listing/uv4l_repo/lrkey.asc
   $ sudo apt-key add ./lrkey.asc
   ```

2. 앞에서 추가한 보관소의 URL을 사용자의 보관소 목록에도 추가해야 한다. 먼저 다음과 같이 nano 편집기에서 보관소 목록을 연다.

```
$ sudo nano /etc/apt/sources.list
```

3. 목록 파일에 아래의 행을 추가한다.

```
deb http://www.linux-projects.org/listing/uv4l_repo/raspbian/ wheezy
main
```

4. Ctrl-X를 눌러서 nano 편집기를 종료하고, 저장 여부를 물으면 y를 누른다.

5. 드라이버를 다운로드 해서 해서 설치한다.

```
$ sudo apt-get update
$ sudo apt-get install uv4l uv4l-raspicam uv4l-raspicam-extras
```

6. 설치가 완료되면 라즈베리 파이를 재부팅해야 한다.

> 📝 책을 집필하고 있는 현재, 해당 드라이버는 여전히 개발 중인 상태여서 모든 기능이 다 정상적으로 작동하지 않는다. 그래서 이 장의 나머지 부분은 USB 웹캠을 기준으로 설명하고 있다. 하지만 만약 라즈베리 파이 카메라 모듈을 사용하고 싶다면 예제(223쪽)에서 myCamera = Camera(prop_set={'width': 320, 'height': 240})라고 언급하는 부분을 myCamera = Camera(0)으로 고쳐 사용하면 된다.

11.4 이미지 표시하기

이 장의 예제 중 상당수는 화면에 이미지를 표시해야 하므로 데스크톱 환경에서 실습해야 한다. 코드를 작성할 때는 IDLE을 사용하거나 아니면 Leafpad에서 작성한 뒤 .py 파일로 저장하고, 실행할 때는 데스크톱의 터미널을 이용한다.

먼저 이미지 파일을 중심으로 SimpleCV의 기본적인 기능에 대해 알아보고, 그 다음에는 웹캠에서 이미지를 읽는 방법에 대해 설명할 것이다. 웹캠에서 이미지를 읽을 수 있게 되면 그 다음에는 얼굴을 인식하는 단계까지 나아간다.

1. 홈 디렉터리에 simplecv-test라는 디렉터리를 만든다.
2. 웹 브라우저를 열고 아무 이미지나 검색한다. 이 책에서는 위키피디아 사이트에 있는 산딸기 사진을 검색해서 raspberries.jpg라는 파일 이름으로 저장해 사용한다.
3. 브라우저에서 검색한 이미지를 마우스 오른쪽 클릭한 후, 'Save Image As...'를 클릭한다.
4. 이미지를 simplecv-test 폴더에 저장한다.
5. 파일 관리자(메뉴 → Accessories → File Manager)로 simplecv-test 폴더를 열고, 폴더의 빈 공간을 마우스 오른쪽 클릭한 뒤 'Create New → Empty File'을 선택한다.
6. 파일 이름을 image-display.py로 정하고 OK 버튼을 클릭한다.
7. 새로 만든 image-display.py을 더블 클릭하여 Leafpad에서 파일을 연다.
8. 예제 11-1의 코드를 입력한다.
9. image-display.py를 저장하고 터미널 창에서 해당 파일을 실행한다. 별다른 문제가 없다면 그림 11-7과 같이 새로운 창이 열리고 사진이 표시될 것이다. 이미지를 확인한 뒤에는 창을 닫거나 터미널에서 Ctrl-C를 입력하여 스크립트를 종료한다.

그림 11-7. 산딸기 사진이 창에 표시된 모습

예제 11-1. image-display.py의 소스 코드

```
from SimpleCV import Image, Display ❶
from time import sleep

myDisplay = Display() ❷

raspberryImage = Image("raspberries.jpg") ❸

raspberryImage.save(myDisplay) ❹

while not myDisplay.isDone(): ❺
    sleep(0.1)
```

❶ SimpleCV의 이미지 및 이미지 표시 함수를 불러온다.

❷ 새로운 윈도우 객체를 만든다.

❸ raspberries.jpg 이미지 파일을 메모리에 로드하고 이미지 객체에
할당한다.

218

❹ 이미지를 창에 표시한다.

❺ 이미지를 표시한 다음 스크립트가 즉각 종료되지 않도록 한다.

11.5 이미지 수정하기

이제 이미지를 메모리에 로드하여 화면에 표시할 수 있게 되었다. 이어서 이미지에 약간의 수정을 한 다음, 화면에 표시되는 방법에 대해 알아보자(이는 이미지 파일 자체를 수정하는 것이 아니라 메모리에 로드 된 이미지의 사본을 수정하는 것이다).

1. image-display.py 파일을 superimpose.py로 저장한다.

2. 예제 11-2와 같이 코드를 수정한다.

3. 파일을 저장하고 명령어 인터페이스에서 해당 파일을 실행한다.

4. 이전과 동일한 이미지 위에 도형과 텍스트가 겹쳐져서 표시될 것이다.

예제 11-2. superimpose.py의 소스 코드

```
from SimpleCV import Image, Display, DrawingLayer, Color ❶
from time import sleep

myDisplay = Display()

raspberryImage = Image("raspberries.jpg")

myDrawingLayer = DrawingLayer((raspberryImage.width, raspberryImage.height)) ❷

myDrawingLayer.rectangle((50,20), (250, 60), filled=True) ❸
myDrawingLayer.setFontSize(45)
myDrawingLayer.text("Raspberries!", (50, 20), color=Color.WHITE) ❹

raspberryImage.addDrawingLayer(myDrawingLayer) ❺
raspberryImage.applyLayers() ❻

raspberryImage.save(myDisplay)

while not myDisplay.isDone():
    sleep(0.1)
```

❶ 앞서 사용했던 SimpleCV의 이미지, 이미지를 표시하는 함수 외에 그리기 레이어 그리고 색채 관련 함수도 불러온다.

❷ 이미지의 크기와 같은 크기의 그리기 레이어를 만든다. 레이어의 이름은 myDrawingLayer로 정한다.

❸ myDrawingLayer에 사각형을 그린다. 좌표 50, 20부터 250, 60까지 도형을 표시하고 채우기 옵션을 선택한다.

❹ myDrawingLayer에 "Raspberries!"라는 텍스트를 표시한다. 텍스트의 기준점은 50, 20이며 흰색으로 표시한다.

❺ myDrawingLayer를 raspberryImage에 추가한다.

❻ raspberryImage에 추가된 레이어들을 하나의 레이어로 병합한다 (그림 11-8에 새로운 이미지가 보인다).

그림 11-8. 산딸기 사진을 수정한 모습

수정한 이미지를 화면에 표시하지 않고 바로 파일로 저장하고 싶다면 예제 11-3의 코드를 사용한다.

예제 11-3. superimpose-save.py의 소스 코드

```
from SimpleCV import Image, DrawingLayer, Color
from time import sleep

raspberryImage = Image("raspberries.jpg")

myDrawingLayer = DrawingLayer((raspberryImage.width, raspberryImage.height))

myDrawingLayer.rectangle((50,20), (250, 60), filled=True)
myDrawingLayer.setFontSize(45)
myDrawingLayer.text("Raspberries!", (50, 20), color=Color.WHITE)

raspberryImage.addDrawingLayer(myDrawingLayer)
raspberryImage.applyLayers()

raspberryImage.save("raspberries-titled.jpg") ❶
```

❶ 수정한 메모리상의 이미지를 raspberriestitled.jpg라는 파일로 저장한다.

이 코드는 새 창을 열어서 이미지를 표시할 필요가 없기 때문에 데스크톱 환경을 실행하지 않고도 명령어 인터페이스에서 사용할 수 있다. 코드를 약간 더 수정하여 명령을 추가하면 이미지에 워터마크를 추가할 수도 있다. 또한 텍스트나 사각형 이외의 도형들도 사용할 수 있다. SimpleCV에서 사용할 수 있는 추가적인 도형 관련 함수들은 다음과 같다(자세한 사용법은 SimpleCV 홈페이지[4]를 참고한다).

· Circle(원)
· Ellipse(타원)
· Line(선)

4　http://simplecv.org/docs/SimpleCV.html#module-SimpleCV.DrawingLayer

- Polygon(다각형)
- Bezier curve(베지어 곡선)

11.6 SimpleCV에서 웹캠 사용하기

웹캠의 비디오 영상을 SimpleCV로 가져오는 작업은 이미지 파일을 메모리에 로드하는 작업과 크게 다르지 않다. 자신만의 기본적인 웹캠 표시 창을 만들어서 시험해 보자.

1. basic-camera.py라는 새로운 파일을 만들고 예제 11-4의 코드를 기입한 뒤 저장한다.
2. 웹캠을 연결한 뒤 스크립트를 실행한다. 그러면 그림 11-9와 같이 창이 하나 뜨고 웹캠의 화면이 표시된다.
3. 창을 닫으려면 터미널에서 Ctrl-C를 누른다.

그림 11-9. 웹캠 영상을 화면에 출력하기

```
from SimpleCV import Camera, Display
from time import sleep

myCamera = Camera(prop_set={'width': 320, 'height': 240}) ❶

myDisplay = Display(resolution=(320, 240)) ❷

while not myDisplay.isDone(): ❸
    myCamera.getImage().save(myDisplay) ❹
    sleep(.1) ❺
```

❶ 새로운 카메라 객체를 만들고 이미지의 크기를 320×240픽셀로 설정한다.

❷ 창의 크기도 320×240픽셀로 설정한다.

❸ 창이 닫힐 때까지 아래의 들여쓰기 한 코드들을 반복 실행한다.

❹ 웹캠의 프레임 하나를 읽어 와서 창에 표시한다.

❺ 다음 화면을 읽기 전까지 0.1초 동안 기다린다.

앞의 예제 두 개를 결합하면 웹캠으로 사진을 찍은 뒤에 .jpg 파일로 저장하는 파이썬 스크립트도 작성할 수 있다.

```
from SimpleCV import Camera
from time import sleep

myCamera = Camera(prop_set={'width':320, 'height': 240})

frame = myCamera.getImage()
frame.save("camera-output.jpg")
```

11.7 얼굴 인식

findHaarFeatures는 SimpleCV가 제공하는 매우 강력한 기능 중 하나다. 이는 이미지 안에서 특정한 프로파일(Profile) 또는 캐스케이드(Cascade)와 일치하는 패턴을 검색하는 알고리즘이다. SimpleCV에는 얼굴, 코, 눈, 입 그리고 몸 전체 등에 대한 캐스케이드가 포함되어 있다. 필요에 따라 캐스케이를 추가로 다운 받을 수도 있고 직접 자신만의 캐스케이드 파일을 만들 수도 있다. findHaarFeatures는 이미지를 분석해서 패턴이 일치하는지를 판단하고, 일치하는 패턴이 하나 이상 발견되면 패턴이 일치하는 곳의 위치 값을 반환한다. 이는 곧 사용자가 어떤 이미지 파일이나 또는 웹캠의 영상에서 자동차, 동물 또는 사람이 찍혀 있는지 자동으로 검색할 수 있다는 의미다. findHaarFeatures를 시험해 보기 위해 기본적인 얼굴 인식 프로그램을 작성해 보자.

1. simplecv-test 디렉터리에 face-detector.py라는 새로운 파일을 만든다.
2. 예제 11-5의 코드를 입력한다.
3. 웹캠을 연결한 뒤 카메라가 사람을 향하도록 조정하고 명령어 인터페이스에서 스크립트를 실행한다.
4. 터미널 창에는 findHaarFeatures가 검색한 얼굴의 위치가 출력될 것이다. 이리저리 몸을 움직이며 출력되는 숫자에 변화가 생기는지 확인한다. 또한 인물 사진을 카메라 앞에 비추면 어떻게 되는지도 확인해 본다.

예제 11-5. face-detector.py의 소스 코드

```
from SimpleCV import Camera, Display
from time import sleep

myCamera = Camera(prop_set={'width':320, 'height': 240})

myDisplay = Display(resolution=(320, 240))

while not myDisplay.isDone():
    frame = myCamera.getImage()
    faces = frame.findHaarFeatures('face') ❶
    if faces: ❷
        for face in faces: ❸
            print "Face at: " + str(face.coordinates())
```

```
else:
    print "No faces detected."
frame.save(myDisplay)
sleep(.1)
```

❶ 이미지 프레임에서 얼굴을 검색하고 faces 객체에 저장한다.

❷ 만약 findHaarFeatures가 최소한 한 명의 얼굴이라도 인식하면 아래의 들여쓰기한 코드들을 실행한다.

❸ faces 리스트에 있는 각 face 요소를 개별적인 얼굴로 취급하여 아래의 행(출력 구문)을 실행한다.

화면에 얼굴이 비추는데도 계속 "No faces detected"라는 메시지가 뜨고 얼굴의 좌표 값도 출력되지 않는다면 다음의 몇 가지 사항을 검토한다.

· 조명이 너무 어둡지는 않은가? 만약 방의 조명이 너무 어둡다면 얼굴을 인식하는 알고리즘이 제대로 작동하지 못할 수도 있다. 주변 환경을 조금 더 밝게 만들어 보자.

· 현재 사용하고 있는 Haar 캐스케이드는 얼굴 정면을 인식하는 데 최적화되어 있다. 만약 얼굴이 측면을 향하고 있거나 카메라가 얼굴 정면 방향에서 벗어난 곳에 있으면 알고리즘이 얼굴을 잘 찾지 못할 수도 있다.

11.8 프로젝트: 라즈베리 파이 포토부스

몇 개의 라이브러리를 결합하면 훨씬 복잡한 프로젝트도 얼마든지 파이썬으로 프로그래밍할 수 있다. 9장에서 다루었던 GPIO 라이브러리와 새로 배운 SimpleCV 라이브러리를 결합하면 자신만의 인기 만점 라즈베리 파이 포토부스(그림 11-10)를 만들 수 있다. 특히 SimpleCV

의 findHaarFeatures 기능을 조금만 더 응용하면 포토부스 안에 있는 사람의 모습에 모자, 단안경, 턱수염 또는 콧수염 등의 장난스러운 가상 효과를 자동으로 덧입혀 보여 줄 수도 있다. 이번 프로젝트의 코드는 커트 드메그드(Kurt Demaagd), 앤서니 올리버(Anthony Oliver), 네이선 오스텐도르프(Nathan Oostendorp) 그리고 캐더린 스콧(Katherine Scott)이 공동 집필하고 오라일리에서 출간된 도서 『Practical Computer Vision with SimpleCV』의 Mustacheinator 프로젝트에 기반한다.

그림 11-10. 라즈베리 파이 포토부스의 출력물

라즈베리 파이 포토부스를 만들 때 필요한 재료는 아래와 같다.

· USB 웹캠
· 모니터
· 버튼 한 개
· 다양한 길이의 훅업 와이어
· 10K옴 저항 한 개

시작하기에 앞서, 라즈베리 파이에 RPi.GPIO와 SimpleCV 파이썬 라이브러리가 설치되어 있고 정상적으로 작동하는지 확인한다. 이와 관련된 자세한 내용은 172쪽의 '파이썬 GPIO 모듈 설치 및 테스트하기'와 214쪽의 'SimpleCV 설치 및 테스트하기'를 참고한다.

1. 9장에서와 마찬가지로 24번 핀에 버튼을 연결한다. 버튼의 한 쪽은 3.3V에 연결해야 하고 다른 한쪽은 24번 핀에 연결해야 한다. 또한 24번 핀과 스위치를 연결하는 브레드보드의 터미널과 그라운드를 10K옴 풀다운 저항으로 연결하는 것도 잊지 말자.

2. 검정 콧수염을 흰 배경 위에 그려서 mustache.png라는 이름으로 라즈베리 파이의 새 폴더에 저장한다. 콧수염을 그리는 것이 여의치 않다면 책의 예제 보관소[5]를 방문하여 chap11 디렉터리에 있는 mustache-small.bmp 파일을 활용해도 된다.

3. 새로 만든 폴더에 photobooth.py라는 파일을 만들고 예제 11-6의 코드를 입력한 뒤 저장한다.

예제 11-6. photobooth.py의 소스 코드

```
from time import sleep, time
from SimpleCV import Camera, Image, Display

import RPi.GPIO as GPIO

myCamera = Camera(prop_set={'width':320, 'height': 240})
myDisplay = Display(resolution=(320, 240))
stache = Image("mustache.png")
stacheMask = \stache.createBinaryMask(color1=(0,0,0), color2=(254,254,254)) ❶
stacheMask = stacheMask.invert() ❷

GPIO.setmode(GPIO.BCM)
GPIO.setup(24, GPIO.IN)
```

5   https://github.com/gswraspberrypi/2nd_Ed_GSWRaspberryPiExamples

```
def mustachify(frame): ❸
    faces = frame.findHaarFeatures('face')
    if faces:
        for face in faces:
            print "Face at: " + str(face.coordinates())
            myFace = face.crop() ❹
            noses = myFace.findHaarFeatures('nose')
            if noses:
                nose = noses.sortArea()[-1] ❺
                print "Nose at: " + str(nose.coordinates())
                xmust = face.points[0][0] + nose.x - (stache.width/2) ❻
                ymust = face.points[0][1] + nose.y + (stache.height/3) ❼
            else:
                return frame ❽
            frame = frame.blit(stache, pos=(xmust, ymust), mask=stacheMask) ❾
            return frame ❿
    else:
        return frame ⓫

while not myDisplay.isDone():
    inputValue = GPIO.input(24)
    frame = myCamera.getImage()
    if inputValue == True:
        frame = mustachify(frame) ⓬
        frame.save("mustache-" + str(time()) + ".jpg") ⓭
        frame = frame.flipHorizontal() ⓮
        frame.show()
        sleep(3) ⓯
    else:
        frame = frame.flipHorizontal() ⓰
        frame.save(myDisplay)
    sleep(.05)
```

❶ 검은색만 남겨두고 나머지는 모두 투명하게 처리해서 콧수염의
마스크를 만든다(color1과 color2는 색채의 RGB 값을 표현하는
0~255 사이의 숫자를 매개변수로 받는다).

❷ 이미지에 있는 검정 픽셀은 표시되고 나머지 픽셀들은 투명해지도
록 마스크를 반전한다.

❸ 영상 프레임에서 얼굴과 코를 인식하면 해당 프레임에 콧수염을
합성하여 반환하는 함수를 만든다.

❹ 코를 빠르게 찾을 수 있도록, 인식한 얼굴의 서브 이미지를 만든다.

❺ 얼굴에서 코로 간주되는 패턴이 두 개 이상 발견되면 가장 큰 것을 선택한다.

❻ 콧수염의 x 좌표를 설정한다.

❼ 콧수염의 y 좌표를 설정한다.

❽ 코가 발견되지 않으면 원래 프레임을 반환한다.

❾ blit(BLock image transfer) 함수로 콧수염을 프레임에 덧입힌다.

❿ '콧수염이 그려진' 프레임을 반환한다.

⓫ 얼굴이 발견되지 않으면 원래 프레임을 반환한다.

⓬ 프레임을 mustachify() 함수에 전달하고 반환값을 취한다.

⓭ 파일 이름에 현재 시간을 표시하여 JPEG 파일로 저장한다.

⓮ 카메라의 영상이 거울처럼 보이도록 이미지의 좌우를 뒤집는다.

⓯ 저장한 이미지를 3초 동안 화면에 표시한다.

⓰ 버튼을 누르지 않으면 카메라의 이미지를 좌우로만 뒤집어서 표시한다.

이제 스크립트를 실행할 준비를 마쳤다. 먼저, 웹캠이 연결되어 있는지 확인한다. 그 다음에는 터미널을 실행하고 콧수염 이미지와 photobooth.py가 있는 디렉터리로 이동해서 스크립트를 실행한다.

```
$ sudo photobooth.py
```

웹캠의 영상이 화면에 나타날 것이다. 버튼을 누르면 얼굴을 인식한 뒤 콧수염을 합성한 다음 이미지를 저장한다(모든 이미지는 스크립트가 있는 폴더에 저장된다).

11.9 더 알아보기

『Practical Computer Vision with SimpleCV』

커트 드메그드, 앤서니 올리버, 네이선 오스텐도르프 그리고 캐더린
스콧이 공동 집필한 이 책은 simpleCV에 대한 포괄적인 안내서다.
파이썬으로 이미지와 컴퓨터 비전을 다루는 수 많은 예제와 프로젝
트가 수록되어 있다.

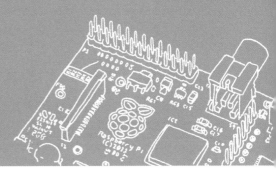

12
파이썬과 인터넷

수많은 파이썬 개발자들이 복잡한 작업을 간단하게 처리해 주는 라이브러리를 만들었다. 그리고 이 라이브러리는 커뮤니티를 통해 오픈 소스 형태로 활발하게 공유되고 있다. 라이브러리 중에는 인터넷 프로젝트를 진행하는 데 도움이 되는 것들도 많다. 덕분에 인터넷에서 날씨 정보 가져오기, 이메일이나 문자 메시지 전송하기, 그리고 트위터의 동향 파악하기 등의 작업을 상태적으로 쉽게 구현할 수 있다. 또한 필요하다면 얼마든지 라즈베리 파이를 웹 서버로 작동하게 만들 수도 있다.

이 장에서는 라즈베리 파이로 인터넷 프로젝트를 구현하는 몇 가지 방법에 대해 살펴볼 것이다. 우선 인터넷에 접속해서 데이터를 가져오는 방법부터 알아보고 그 다음 라즈베리 파이로 웹 서버를 구축하는 단계까지 실습한다.

12.1 웹 서버에서 데이터 가져오기

사용자가 웹 브라우저의 주소 입력 상자에 주소를 입력한 뒤, 엔터 키를 치면 브라우저는 클라이언트의 기능을 수행하기 시작한다. 브라우저는 클라이언트로서 웹 서버에 접속하여 서비스를 요청하고, 서버는 클라이언트의 요청에 대해 웹 페이지로 응답한다. 물론, 웹 브라우저만 클라이언트가 될 수 있는 것은 아니다. 메일 응용프로그램이나 스마트 폰 또는 컴퓨터의 날씨 정보 위젯도 클라이언트이며 플레이어의 최고 점수를 웹의 순위표에 업로드하는 게임도 일종의 클라이언트다. 이 장은 라즈베리 파이를 클라이언트로 활용하는 프로젝트부터 시작한다. 이 프로젝트에서는 인터넷 서버에 접속해서 정보를 가져오는 코드를 작성한다. 이 작업을 하려면 Requests라는 대중적인 파이썬 라이브러리를 먼저 설치해야 한다. Requests 라이브러리는 하이퍼텍스트 전송 프로토콜, 즉 HTTP를 통해 파이가 웹 서버에 접속할 수 있도록 해준다. 터미널에서 다음과 같이 라이브러리를 설치한다.

```
$ sudo apt-get install python-requests
```

Requests가 정상적으로 설치되었는지 확인하기 위해 아래와 같이 라이브러리를 불러온다.

```
$ python
Python 2.7.3 (default, Mar 18 2014, 05:13:23)
[GCC 4.6.3] on linux2
Type "help", "copyright", "credits" or "license" for more information.
>>> import requests
>>>
```

별다른 에러 메시지가 뜨지 않는다면 Requests가 정상적으로 설치된 것이며, 사용자가 파이썬 세션에 Requests 라이브러리를 정상적으로 불러들인 것이다. 이제 다음과 같이 구글 홈페이지를 요청한다.

```
>>> r = requests.get('http://www.google.com/')
>>>
```

기대와 달리 아무런 반응도 없어서 다소 실망했을 수도 있다. 하지만 요청한 데이터는 이미 r 객체에 모두 저장되어 있다. 다음과 같이 상태 코드를 출력해 보자.

```
>>> r.status_code
200
```

HTTP 상태 코드가 200으로 출력된다면 클라이언트의 요청이 성공적으로 처리되었다는 의미다. HTTP의 일반적인 상태 코드는 표 12-1에 정리되어 있다.

표 12-1. 일반적인 HTTP 상태 코드

코드	의미
200	OK (요청이 처리됨)
301	영구적으로 다른 주소로 옮겨짐
307	일시적으로 다른 주소로 옮겨짐
401	권한 없음
404	해당 페이지를 찾을 수 없음
500	서버 에러

서버의 응답한 내용(서버가 클라이언트 프로그램에게 전송한 것들)을 보려면 아래와 같이 입력한다.

```
>>> r.text
```

별다른 문제가 없다면, 이번에는 엄청난 양의 텍스트가 출력되어서 깜짝 놀랄 수도 있다. 일부 알아볼 수 있는 부분도 있겠지만, 대부분 이해하기 어려운 표기들로 가득할 것이다. 화면에 출력된 것은 구글의 시작 페이지에 있는 HTML이다. 브라우저는 이 HTML을 해석해서 우리에게 익숙한 모습을 화면에 표시해 주는 도구다.

그렇지만 HTTP 요청에 대한 모든 응답이 브라우저에서 표시될 것을 염두에 두고 이루어지는 것은 아니다. 때로는 브라우저의 화면이 어떻게 표시되어야 한다는 정보 없이 데이터만 전송될 수도 있다. 많은 사이트는 일반 사용자들에게 이러한 유형의 데이터 프로토콜을 개방하고 있다. 그 덕분에 사용자는 브라우저를 사용하지 않고도 원격 서버로부터 데이터를 가져오거나 또는 원격 서버로 데이터를 전송할 수 있다. 이러한 데이터 프로토콜 규격을 통상 응용프로그램 프로그래밍 인터페이스, 즉 API(Application Programming Interface)라고 부른다. 여기에는 데이터 프로토콜이 개방되어 있는 인터페이스와 그렇지 않은 인터페이스 모두 포함된다. API 덕분에 서로 다른 소프트웨어끼리 통신할 수 있게 되었다. API는 인터넷의 한 사이트에서 다른 사이트로 데이터를 전송할 때도 자주 사용된다.

가령, 어떤 장치가 그날그날의 날씨 정보를 파악해서 우천이 예상되는 날에는 현관문을 나서는 사용자에게 우산을 챙기도록 권유하는 프로젝트를 구현한다고 해보자. 이런 프로젝트를 구현하기 위해 사용자가 손수 기상 관측에 필요한 모든 장비들을 운영해서 데이터를 얻고, 그 데이터를 토대로 일기를 예측하는 복잡한 프로그램을 작성하기보다는 간단하게 인터넷의 수많은 날씨 정보 API를 활용하여 그날의 일기예보를 가져오는 편이 훨씬 덜 수고스러울 것이다.

날씨 정보 가져오기

웨더 언더그라운드(Weather Underground)의 API를 사용해서 오늘의 우천 여부를 판단하는 방법을 알아 보자.

📝 API는 동일한 규격으로 만들어지지 않으며 제각각이다. 따라서 API를 사용하기에 앞서 관련 문서를 꼼꼼히 살펴보며 프로젝트에 적합한지 먼저 확인해 봐야 한다. 또한 대부분의 API는 요청 가능한 횟수에 제한이 있으며 어떤 API는 요금을 부과하기도 한다. 하지만 다수의 API 제공 업체들은 소량으로 이루어지는 일일 요청에 대해서는 무료로 서비스를 제공하는 경우가 많기 때문에 실험을 하거나 개인적으로 사용할 때는 크게 걱정할 필요가 없다.

다음의 단계에 따라 API를 사용한다.

1. 웹 브라우저로 웨더 언더그라운드의 API 홈페이지[1]를 방문한 뒤 몇 가지 정보를 입력하고 가입한다.

2. 가입 절차가 끝나면 로그인한 뒤 무료 서비스(Stratus Plan)를 구입하자. 사용자가 사용할 수 있는 고유한 Key가 제공된다. 서비스를 구입한 뒤 Key Settings를 클릭한다.

3. API의 Key ID 상자를 보면 알파벳과 숫자로 이루어진 긴 문자열이 보인다(그림 12-1). 이는 사용자가 데이터를 요청할 때마다 서버에게 제공해야 하는 사용자 계정의 고유한 식별자다. 만약 너무 많은 요청을 보내는 등의 행위로 서비스를 오용하게 되면 해당 API 키는 차단되고, 유료 서비스로 전환하기 전에는 더 이상 사용자의 데이터 요청에 응답하지 않게 된다.

4. Documentation을 클릭한 뒤 Forecast 항목을 열면 일기예보를 요청했을 때 어떤 데이터를 받을 수 있는지 확인할 수 있다. 페이지의 하단에는 미국 캘리포니아의 샌프란시스코에 대한 일기예보 예제

---

1 http://www.wunderground.com/weather/api/

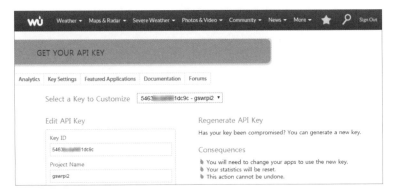

그림 12-1. 옮긴이의 웨더 언더그라운드 API 계정. 화면 왼쪽에 API의 Key ID가 보인다.

URL이 표시되어 있다. 예제 URL에는 로그인된 사용자의 API 키가
삽입되어 있다.[2]

5. 웹 브라우저에서 예제 URL을 열어서 정상적으로 작동하는지 확인
   해 보자. 일기예보 데이터가 JSON(Java-Script Object Notation) 형
   식으로 출력되어 있다(예제 12-1 코드 참고). 이 파일로 데이터의
   구조가 계층을 이루고 있음을 알 수 있다.

> 🖋 JSON의 J는 자바스크립트(JavaScript)를 의미하는 글자지만 JSON 형식은
> 자바스크립트 외의 다른 수많은 프로그래밍 언어에서도 유용하게 사용될 수
> 있다. 특히 API로 통신을 할 때 자주 사용된다.

6. 먼저 이 데이터 구조에서 오늘의 지역 날씨 텍스트를 추출한다. 이
   를 위해 text-forecast.py라는 파이썬 스크립트(예제 12-2)를 새로

---

2 API 키 형식은 다음과 같다. http://api.wunderground.com/api/사용자의API키/forecast/q/
   CA/San_Francisco.json

만들고, 자신의 거주 국가와 지역의 날씨 데이터를 요청할 수 있도록 URL을 구성하여 기입한다.

7. 예제 코드를 보면 알 수 있듯이, 오늘의 날씨 텍스트를 추출하려면 데이터 구조에서 올바른 항목을 가져와야 한다(예제 12-1 참고). 예보 텍스트는 'forecast → txt_forecast → forecastday → 0(첫 번째 항목이 오늘의 날씨다) → fcttext'에 있다.

8. 명령어 인터페이스에서 스크립트를 실행하면 사용자가 요청한 특정 지역의 오늘 날씨가 "Clear. High of 47F. Winds from the NE at 5 to 10 mph."와 유사한 형식으로 출력된다.

예제 12-1. 웨더 언더그라운드의 API가 JSON 형식으로 응답한 내용의 한 부분

```
"response": {
    "version": "0.1",
    "termsofService":
        "http://www.wunderground.com/weather/api/d/terms.html",
    "features": {
        "forecast": 1
    }
},
"forecast":{ ❶
    "txt_forecast": { ❷
        "date":"10:00 AM EST",
        "forecastday": [ ❸
            {
            "period":0,
            "icon":"partlycloudy",
            "icon_url":"http://icons-ak.wxug.com/i/c/k/partlycloudy.gif",
            "title":"Tuesday",
            "fcttext":
              "Partly cloudy. High of 48F. Winds from the NNE at 5 to 10 mph.", ❹
            "fcttext_metric":
              "Partly cloudy. High of 9C. Winds from the NNE at 10 to 15 km/h.",
            "pop":"0"
            },
```

❶ forecast는 접근하려는 데이터의 최상위에 있는 부모 노드다.

❷ forecast 안에 있는 예보 텍스트를 찾는다.

❸ 예보 텍스트의 데이터 세트에서 일일 예보를 찾는다.

❹ 당일의 예보 텍스트는 fcttext다.

예제 12-2. text-forecast.py의 소스 코드

```
import requests

key = '이곳에 사용자의 Key ID를 기입한다' ❶
ApiUrl =
    'http://api.wunderground.com/api/' + key + '/forecast/q/NY/New_York.json'

r = requests.get(ApiUrl) ❷
forecast = r.json ❸
print forecast['forecast']['txt_forecast']['forecastday'][0]['fcttext'] ❹
```

❶ 자신의 API key를 기입한다.

❷ 웨더 언더그라운드에 뉴욕시의 일기예보를 요청한다.[3]

❸ JSON 형식의 응답 텍스트를 파이썬의 딕셔너리 객체로 분석한다.

❹ 데이터의 계층 구조를 따라 오늘의 예보 텍스트에 '접근한다'.

이제 필요할 때면 언제든지 일기예보 텍스트를 출력할 수 있는 파이썬 스크립트를 완성했다. 그런데 어떻게 해야 라즈베리 파이가 이 텍스트를 보고 오늘 비가 온다는 사실을 알 수 있을까? 예보 텍스트를 분석해서 "rain(비)", "drizzle(이슬비)", "thunderstorms(뇌우)" "showers(소나기)" 등과 같은 단어가 있는지 찾아보는 것이 하나의 방법이 될 수 있으나, 더 좋은 방법이 있다. 웨더 언더그라운드의 API가 제공하는 데이터에는 pop, 즉 강수 확률(Probability of precipitation)이라고 이름 붙여진 항목이 있다. 이 항목의 값은 강수 확률(%)을 0부터 100까지의 숫자로 표시해서 사용자가 비나 눈이 올 확률적인 가능성을 판단할 수 있게 한다.

---

3 (옮긴이) 서울시의 일기예보는 다음과 같이 요청한다. ApiUrl = 'http://api.wunderground.com/api/' + key + '/forecast/q/Korea/Seoul.json'

강수 확률이 30%를 넘는 날은 우산을 챙겨야 한다고 전제하고 우천 경고 표시기를 만들어 보자.

1. LED를 25번 핀에 연결한다. 자세한 사항은 그림 8-4(154쪽)를 참고한다.
2. 파이썬 파일을 새로 만들고 예제 12-3의 코드를 입력한 다음 umbrellaindicator.py라는 이름으로 저장한다. 웨더 언더그라운드 API의 URL에는 자신의 API 키와 관심 지역을 입력한다.
3. 다음과 같이 루트 권한으로 스크립트를 실행한다.

```
sudo python umbrellaindicator.py
```

예제 12-3. umbrella-indicator.py의 소스 코드

```
import requests
import RPi.GPIO as GPIO
import time

GPIO.setmode(GPIO.BCM)
GPIO.setup(25, GPIO.OUT)

key = '이곳에 사용자의 Key ID를 기입한다' ❶
ApiUrl = 'http://api.wunderground.com/api/' + key + '/forecast/q/NY/New_York.json'

while True:
    r = requests.get(ApiUrl)
    forecast = r.json
    popValue = forecast['forecast']['txt_forecast']['forecastday'][0]['pop'] ❷
    popValue = int(popValue) ❸

if popValue >= 30: ❹
    GPIO.output(25, GPIO.HIGH)
else: ❺
    GPIO.output(25, GPIO.LOW)

time.sleep(180) # 3 minutes ❻
```

❶ 자신의 API 키를 기입한다.

❷ 오늘의 강수 확률값을 가져와서 popValue에 저장한다.

❸ 숫자로 처리할 수 있도록 popValue의 값을 문자열에서 정수로 바꾼다.

❹ 만약 값이 30보다 크다면 LED를 켠다.

❺ 그렇지 않으면 LED를 끈다.

❻ API는 하루에 500번만 사용할 수 있다. 따라서 코드는 3분에 한 번 씩만 실행되도록 한다.

예보를 확인했다면 Ctrl-C를 눌러서 스크립트를 종료한다.

웨더 언더그라운드의 API는 수 없이 다양한 API 중 하나일 뿐이다. 표 12-2에는 API를 제공하는 몇몇 사이트와 서비스의 목록이 정리되어 있다.

표 12-2. 대중적인 응용프로그램 프로그래밍 인터페이스(API)

사이트	API 참조 URL
페이스북	https://developers.facebook.com
플리커	http://www.flickr.com/services/api/
포스퀘어	https://developer.foursquare.com
레딧	https://github.com/reddit/reddit/wiki/API
트윌리오	http://www.twilio.com
트위터	https://dev.twitter.com
유튜브	https://developers.google.com/youtube/

12.2 라즈베리 파이 웹 서버

라즈베리 파이는 인터넷 어딘가에 있는 원격 서버에서 데이터를 갖고 오는 클라이언트가 될 수도 있지만, 서버가 되어 접속해 오는 클라이 언트에게 서비스를 제공해 줄 수도 있다. 사용자는 라즈베리 파이에 다양한 웹 서버를 설치할 수 있다. 그중 아파치나 lighttpd 같은 서버를 설치하면 클라이언트에게 파일을 제공할 수 있다. 이와 같은 서버들은 대부분 HTML 파일과 이미지로 이루어진 웹 페이지를 제공한다. 게다가 설치하는 서버에 따라 사운드나 비디오, 실행 프로그램 등 훨씬 다양한 서비스도 제공할 수 있다.

한편, 파이썬, 루비, 자바스크립트와 같은 프로그래밍 언어로 웹 서버를 구축할 수 있도록 도와주는 새로운 확장 도구들도 소개되고 있다. 이러한 언어로 구축된 웹 서버는 웹 브라우저의 요청에 대해 역동적인 HTML을 제공할 수 있다. 덕분에 웹 브라우저로 멀리 떨어진 곳에 있는 라즈베리 파이에 접속하여 물리적인 이벤트를 유발하거나 데이터를 저장할 수 있고, 센서 값을 확인할 수 있다. 심지어는 자신만의 JSON API를 만들어서 전자 장치 프로젝트에 활용할 수도 있다.

플라스크 기초

이 책에서는 플라스크(Flask)라는 파이썬용 웹 프레임워크를 사용해서 라즈베리 파이를 역동적인 웹 서버로 탈바꿈시킬 것이다. 플라스크는 별다르게 손을 보지 않아도 다양하게 활용할 수 있지만, 조금만 더 노력을 기울이면 사용자 인증, 양식 생성, 데이터베이스 사용 등을 지원하도록 확장할 수 있다. 또한 플라스크는 파이썬의 다양한 표준 라이브러리들과 동시에 사용할 수도 있다.

플라스크를 설치하려면 pip가 설치되어 있어야 한다. 아직 pip를 설치하지 않았다면 명령어 인터페이스로 다음과 같이 설치한다.

```
$ sudo apt-get install python-pip
```

pip를 설치한 다음에는 플라스크와 관련 파일들을 설치한다.

```
$ sudo pip install flask
```

정상적으로 설치되었는지 확인하기 위해 새로 hello-flask.py 파일을

만들고 예제 12-4의 코드를 입력한다. 코드가 낯설다고 너무 걱정할
필요는 없다. 지금 당장은 코드의 모든 행이 의미하는 바를 이해하지
못해도 괜찮다. 이 코드에서 가장 중요한 부분은 "Hello World!"라는
문자열이 포함된 블록이다.

예제 12-4. hello-flask.py의 소스 코드

```
from flask import Flask
app = Flask(__name__) ❶

@app.route("/") ❷
def hello():
    return "Hello World!" ❸

if __name__ == "__main__": ❹
    app.run(host='0.0.0.0', port=80, debug=True) ❺
```

❶ app이라는 플라스크 객체를 만든다.

❷ 클라이언트가 서버의 루트 URL에 접속하면 다음 줄의 코드를 실행
한다.

❸ 클라이언트에게 "Hello World!"라는 텍스트를 전송한다.

❹ 만약 이 스크립트가 명령어 인터페이스에서 직접 실행되었다면.

❺ 서버는 포트 80에 귀를 기울이고, 에러가 발생할 경우 보고한다.

> 🖉 스크립트를 실행하기 전에 라즈베리 파이의 IP 주소를 알아두어야 한다(53쪽
> 의 '네트워크' 참고). 또는 avahi-daemon을 설치해도 된다(명령어 인터페이
> 스에서 sudo apt-get install avahi-daemon라고 입력하면 설치된다). 이 프
> 로그램을 설치하면 지역 네트워크에서 http://raspberrypi.local이라고 입력
> 해도 파이에 접속할 수 있다. 만약 윈도우 컴퓨터에서도 같은 방식으로 라즈
> 베리 파이에 접속하려면 먼저 Bonjour 서비스(http://support.apple.com/
> kb/DL999)를 컴퓨터에 설치해야 한다.

이제 다음과 같이 루트 권한으로 명령을 실행하여 서버를 작동시켜 보자.

```
$ sudo python hello-flask.py
 * Running on http://0.0.0.0:80/ (Press C+C to quit)
 * Restarting with reloader
```

라즈베리 파이와 동일한 네트워크(공유기)에 연결되어 있는 다른 컴퓨터의 웹 브라우저 주소 상자에 라즈베리 파이의 IP 주소를 입력한다. 만약 브라우저에 "Hello World!"라고 표시되면 제대로 플라스크의 설정을 마친 것이다. 한편, 브라우저에 접속하면 라즈베리 파이의 터미널에도 몇 줄이 출력되는 것을 볼 수 있다.

```
10.0.1.100 - - [19/Nov/2012 00:31:31] "GET / HTTP/1.1" 200 -
10.0.1.100 - - [19/Nov/2012 00:31:31] "GET /favicon.ico HTTP/1.1" 404 -
```

첫 번째 줄은 클라이언트의 웹 브라우저가 루트 URL을 요청해서 플라스크 서버가 'OK'라는 의미의 HTTP 상태 코드 200을 전송했다는 내용이다. 두 번째 줄은 웹 브라우저가 파비콘(Favicon)을 요청했다는 내용이다. 파비콘은 대부분의 브라우저가 서버에게 요청하는 것으로, 브라우저의 주소 표시 상자에서 URL 왼쪽에 표시되는 작은 아이콘이다. 플라스크 서버는 아직 favicon.ico 파일을 갖고 있지 않으므로 HTTP 상태 코드 404를 반환하여 해당 URL을 찾을 수 없다고 알려 준다.

서버에 접속하는 브라우저에게 제대로 된 HTML 형식을 전달하려고 파이썬 스크립트에 모든 HTML을 전부 기입하는 것은 그다지 좋은 방법이 아니다. 플라스크는 Jinja2[4]라는 템플릿 엔진으로 HTML 파일과 이 파일에 삽입될 역동적인 데이터를 분리하여 관리한다. 덕분에 HTML을 파이썬에 직접 기입하지 않고도 브라우저에게 HTML 형식의 페이지를 전달하도록 표시할 수 있다.

---

4 http://jinja.pocoo.org/docs/dev/templates/

아직 hello-flask.py가 실행되고 있다면 Ctrl-C를 눌러서 종료한다.

템플릿을 만들려면 hello-template.py 파일을 새로 만들고 예제 12-5의 코드를 기입한다. 그 다음 hello-template.py 파일이 있는 폴더에 templates라는 폴더를 만든다. templates 폴더 안에 main.html이라는 파일을 새로 만들고 예제 12-6의 코드를 기입한다. HTML 템플릿에 있는 모든 이중 중괄호는 변수로 해석되며, 파이썬 스크립트의 render_template 함수를 통해 전달되는 값이 괄호 안에 표시된다.

예제 12-5. hello-template.py의 소스 코드

```
from flask import Flask, render_template
import datetime
app = Flask(__name__)

@app.route("/")
def hello():
    now = datetime.datetime.now() ❶
    timeString = now.strftime("%Y-%m-%d %H:%M") ❷
    templateData = {
        'title' : 'HELLO!',
        'time': timeString
        } ❸
    return render_template('main.html', **templateData) ❹
if __name__ == "__main__":
    app.run(host='0.0.0.0', port=80, debug=True)
```

❶ 현재 시간을 now 객체에 할당한다.

❷ now 객체에 저장된 날짜와 시간으로부터 형식 문자열을 만든다.

❸ 변수들의 딕셔너리(이름과 그 이름에 연결된 값이 쌍을 이루는 하나의 집합. 가령, title이라는 항목의 값이 HELLO!라면 이 둘을 하나의 쌍으로 묶어 딕셔너리를 만들 수 있다)를 만들어서 템플릿으로 넘긴다.

❹ 웹 브라우저에게 templateData 딕셔너리에 있는 변수들이 반영된 main.html 템플릿을 반환한다.

```
<!DOCTYPE html>
    <head>
        <title>{{ title }}</title> ❶
    </head>

    <body>
        <h1>Hello, World!</h1>
        <h2>The date and time on the server is: {{ time }}</h2> ❷
    </body>
</html>
```

❶ title 변수의 값을 HTML의 페이지 제목으로 사용한다.

❷ time 변수의 값을 페이지에 표시한다.

hello-template.py를 실행한 다음(앞에서와 마찬가지로 sudo를 사용하여 실행해야 한다) 브라우저로 라즈베리 파이의 주소에 접속하면 그럴듯하게 형식을 갖춘 HTML 페이지가 열릴 것이다. 페이지의 제목은 "HELLO!"로 표시되며 라즈베리 파이의 현재 날짜와 시간이 웹 페이지에 출력된다.

> 🖉 사용자의 네트워크 환경 설정에 따라 다를 수 있지만, 지역 네트워크 외부의 공용 인터넷 망에서는 앞의 플라스크 웹 페이지에 접속할 수 없을 것이다. 외부의 네트워크 망에서 해당 페이지에 접속하기 위해서는 라우터에서 포트 포워딩을 설정해야 한다. 포트 포워딩과 관련해서는 라우터의 사용자 설명서를 참고한다.

12.3 웹과 실제 세계 연결하기

플라스크를 파이썬의 다른 라이브러리와 함께 사용하면 다양한 기능을 웹 사이트에 추가할 수 있다. 가령, 파이썬의 RPi.GPIO 모듈(9장 참고)과 함께 사용하면 물리적인 세계와 연동되는 웹 사이트를 구축할 수 있다. 입력 회로를 구성하여 이를 시험해 보자. 버튼이나 스위치 세 개를 라즈베리 파이의 23, 24, 25번 핀에 각각 연결한다. 연결 요령은 사운드보드 프로젝트와 동일하며 183쪽 그림 9-2를 참고하면 된다.

예제 12-7은 hello-template.py 스크립트에 몇 가지 기능을 추가한 것이다. 먼저 hello-gpio.py라는 파일을 새로 만들고 hello-template. py의 코드를 복사한다. 그 다음 예제 코드를 참고하여 RPi.GPIO 모듈 을 추가하고, 버튼의 상태를 읽는 루트(Route)도 새로 추가한다. 새로 운 루트에서는 사용자가 요청한 URL로부터 핀 관련 변수를 추출하여 해당 핀의 버튼 값을 읽는다.

새로운 템플릿인 pin.html도 만들어야 한다. 이 템플릿은 main. html과 큰 차이가 없다. 따라서 main.html을 복사해서 pin.html로 이 름을 바꾸고 예제 12-8을 따라 적절하게 수정한다.

예제 12-7. hello-gpio.py의 소스 코드

```
from flask import Flask, render_template
import datetime
import RPi.GPIO as GPIO
app = Flask(__name__)

GPIO.setmode(GPIO.BCM)

@app.route("/")
def hello():
    now = datetime.datetime.now()
    timeString = now.strftime("%Y-%m-%d %H:%M")
    templateData = {
        'title' : 'HELLO!',
        'time': timeString
        }
    return render_template('main.html', **templateData)

@app.route("/readPin/<pin>") ❶
def readPin(pin):
    try: ❷
```

```
        GPIO.setup(int(pin), GPIO.IN) ❸
        if GPIO.input(int(pin)) == True: ❹
            response = "Pin number " + pin + " is high!"
        else: ❺
            response = "Pin number " + pin + " is low!"
    except: ❻
        response = "There was an error reading pin " + pin + "."

    templateData = {
        'title' : 'Status of Pin' + pin,
        'response' : response
        }

    return render_template('pin.html', **templateData)

if __name__ == "__main__":
    app.run(host='0.0.0.0', port=80, debug=True)
```

❶ 핀의 번호를 변수에 할당할 수 있도록 동적인 루트를 만든다.

❷ 만약 아래의 들여쓰기가 된 코드에서 예외(Exception)가 발생하면
예외(Except) 블록의 코드를 실행한다.

❸ URL에서 핀 번호를 추출하여 정수로 변환한다. 그리고 입력 핀의
번호로 설정한다.

❹ 만약 핀의 전압이 높다면 해당 핀의 전압이 높다는 텍스트를 표시
하게 한다.

❺ 그렇지 않다면 해당 핀의 전압이 낮다는 텍스트를 표시하게 한다.

❻ 핀을 읽을 때 에러가 발생했다면 관련 메시지를 표시한다.

예제 12-8. templates/pin.html의 소스 코드

```
<!DOCTYPE html>
    <head>
        <title>{{ title }}</title> ❶
    </head>

    <body>
        <h1>Pin Status</h1>
        <h2>{{ response }}</h2> ❷
    </body>
</html>
```

❶ hello-gpio.py가 넘겨주는 title을 이 페이지의 제목 태그 안에 표시한다.

❷ hello-gpio.py가 넘겨주는 response를 HTML의 헤딩 태그 안에 표시한다.

이 스크립트를 실행하고 웹 브라우저로 라즈베리 파이의 IP 주소에 접속하면 "Hello World!" 페이지가 뜬다. 이제 주소 뒤에 /readPin/24를 붙여서 URL을 http://10.0.1.103/readPin/24와 같이 바꾼 뒤 다시 라즈베리 파이에 접속해 본다. 페이지에 'Pin number 24 is low!(24번 핀의 값이 낮다)'라고 뜰 것이다. 이번에는 24번 핀에 연결된 버튼을 누른 상태로 페이지를 새로고침한다. 그러면 브라우저에 'Pin number 24 is high!(24번 핀의 값이 높다)'라고 뜰 것이다.

URL의 핀 번호를 바꿔가며 다른 버튼들도 시험해 보자. 이 코드는 핀을 읽는 함수도 하나뿐이고 HTML 페이지도 하나뿐이지만, 마치 각 핀마다 별도의 웹 페이지가 있는 것처럼 작동한다. 이것이 여기서 다룬 예제 코드의 가장 큰 장점이다.

12.4 프로젝트: 웹 램프

8장의 '프로젝트: 크론으로 램프 타이머 만들기'(162쪽)에서는 라즈베리 파이의 타이머로 AC(교류) 전원을 제어하는 간단한 램프를 만들어 보았다. 이번에는 파이썬과 플라스크를 사용해서 웹으로 램프의 전원을 켜거나 끄도록 만들 것이다. 이 프로젝트를 통해 라즈베리 파이로 인터넷에 연결된 장치들을 만들고 제어하는 기초적인 방법을 익히게 될 것이다.

앞서 다룬 플라스크 예제에서는 똑같은 코드로 여러 개의 핀을 제어했다. 이번에도 마찬가지로 나중에 더 많은 장치들을 추가하더라도 제어할 수 있도록 프로젝트를 설정할 것이다.

1. 이번 프로젝트의 하드웨어 설정은 162쪽의 '프로젝트: 크론으로 램프 타이머 만들기'와 똑같다. 따라서 필요한 부품들도 모두 해당 프로젝트를 참고하여 준비한다.
2. 파워스위치 테일 II 릴레이를 25번 핀에 연결한다. 이 역시 앞서 크론 램프 타이머에서 했던 것과 같은 요령으로 하면 된다.
3. 파워스위치 테일 II 릴레이가 하나 더 있다면, 24번 핀에 연결해서 두 번째 AC 장치를 사용할 수 있게 한다. 만약 준비된 릴레이가 없다면 24번 핀에는 LED만 연결해도 된다. 여러 개의 장치를 사용하는 방법을 연습하는 것뿐이므로 릴레이가 반드시 필요한 것은 아니다.
4. 홈 디렉터리에 새로운 디렉터리를 만들고 WebLamp라고 이름을 지정한다.
5. WebLamp 폴더에 weblamp.py라는 파일을 새로 만들고 예제 12-9의 코드를 기입한다.
6. WebLamp 폴더 안에 새로운 디렉터리를 만들고 templates라고 이름을 지정한다.
7. templates 폴더 안에 main.html이라는 파일을 새로 만들고 예제 12-10의 코드를 기입한다.

터미널을 열고 WebLamp 디렉터리로 이동한 뒤 서버를 시작한다. 만약 이미 실행 중인 또 다른 플라스크 서버가 있다면 Ctrl-C를 눌러서 기존의 서버를 종료한다.

```
pi@raspberrypi ~/WebLamp $ sudo python weblamp.py
```

이동 전화에서 웹 브라우저를 띄우고 그림 12-2와 같이 라즈베리 파이의 IP 주소를 주소 상자에 입력한다.

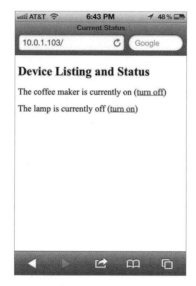

그림 12-2. 이동 전화의 브라우저에 표시되는 웹 램프의 인터페이스

예제 12-9. weblamp.py의 소스 코드

```
import RPi.GPIO as GPIO
from flask import Flask, render_template, request
app = Flask(__name__)

GPIO.setmode(GPIO.BCM)

pins = {
    24 : {'name' : 'coffee maker', 'state' : GPIO.LOW},
    25 : {'name' : 'lamp', 'state' : GPIO.LOW}
} ❶

for pin in pins: ❷
    GPIO.setup(pin, GPIO.OUT)
    GPIO.output(pin, GPIO.LOW)

@app.route("/")
def main():
```

```
    for pin in pins:
        pins[pin]['state'] = GPIO.input(pin) ❸
    templateData = {
        'pins' : pins ❹
    }
    return render_template('main.html', **templateData) ❺

@app.route("/<changePin>/<action>") ❻
def action(changePin, action):
    changePin = int(changePin) ❼
    deviceName = pins[changePin]['name'] ❽
    if action == "on": ❾
        GPIO.output(changePin, GPIO.HIGH)  ❿
        message = "Turned " + deviceName + " on." ⓫
    if action == "off":
        GPIO.output(changePin, GPIO.LOW)
        message = "Turned " + deviceName + " off."
    if action == "toggle":
        GPIO.output(changePin, not GPIO.input(changePin)) ⓬
        message = "Toggled " + deviceName + "."

    for pin in pins:
        pins[pin]['state'] = GPIO.input(pin) ⓭

    templateData = {
        'message' : message,
        'pins' : pins
    } ⓮

    return render_template('main.html', **templateData)

if __name__ == "__main__":
    app.run(host='0.0.0.0', port=80, debug=True)
```

❶ pins라는 딕셔너리를 만들고, 핀 번호, 이름, 핀의 상태를 저장한다.

❷ 각 핀을 출력으로 설정하고 전압은 낮춘다.

❸ 각 핀에서 핀의 상태를 읽은 뒤 pins 딕셔너리에 저장한다.

❹ pins 딕셔너리를 templateData 딕셔너리에 추가한다.

❺ templateData를 main.html 템플릿에 전달해서 사용자에게 반환되 도록 한다.

❻ 클라이언트가 특정한 핀의 번호와 해당 핀의 상태를 설정하는 URL 을 요청하면 아래의 함수가 실행된다.

❼ URL에서 핀 번호를 추출하여 정수로 바꾼다.

❽ 상태를 바꿀 핀에 연결된 장치의 이름을 갖고 온다.

❾ 만약 URL에서 핀의 상태를 "on"으로 지정했다면 아래의 코드를 실행한다.

❿ 핀의 전압을 높인다.

⓫ 템플릿에 전달할 상태 메시지를 저장한다.

⓬ 핀의 상태를 읽고 그 반대의 상태로 설정한다. 즉, 토글한다.

⓭ 각 핀마다 핀의 상태를 읽어서 pins 딕셔너리에 저장한다.

⓮ pins 딕셔너리와 메시지를 templateData 딕셔너리에 넣는다.

예제 12-10. templates/main.html의 소스 코드

```html
<!DOCTYPE html>
<head>
    <title>Current Status</title>
</head>

<body>
    <h1>Device Listing and Status</h1>

    {% for pin in pins %} ❶
    <p>The {{ pins[pin].name }} ❷
    {% if pins[pin].state == true %} ❸
        is currently on (<a href="/{{pin}}/off">turn off</a>)
    {% else %} ❹
        is currently off (<a href="/{{pin}}/on">turn on</a>)
    {% endif %}
    </p>
    {% endfor %}

    {% if message %} ❺
    <h2>{{ message }}</h2>
    {% endif %}

</body>
</html>
```

❶ pins 딕셔너리의 각 핀을 읽는다.

❷ 핀의 이름을 출력한다.

❸ 핀의 전압 상태가 높다면 해당 장치가 켜져 있다(on)고 표시하고, 장치를 끄는 URL에 대한 링크도 표시한다.

❹ 그렇지 않다면 해당 장치가 꺼져 있다(off)고 표시하고, 장치를 켜는 URL 링크도 표시한다.

❺ 템플릿에 전달된 메시지가 있으면 출력한다.

코드를 이와 같은 방식으로 작성하면 하드웨어의 입출력 인터페이스가 허용하는 한 얼마든지 주변장치를 수월하게 추가할 수 있다는 장점이 있다. 장치를 추가할 때 장치의 정보를 pins 딕셔너리에 추가하기만 하면 된다. 서버를 다시 실행하면 새로운 장치가 상태 목록에 나타나고 제어 URL도 자동으로 작동한다.

이 프로그램은 또 다른 중요한 기능을 갖추고 있다. 라즈베리 파이에 연결된 특정 장치의 핀 번호를 책갈피로 만들어 두면(가령, http://ip주소/핀번호/toggle), 이동 전화에서 터치 한 번으로 해당 장치의 스위치를 켜거나 끌 수 있다. 이 URL로 접속할 때마다 핀의 상태는 반대 상태로 바뀐다.

12.5 더 알아보기

Requests

Requests 홈페이지에는 매우 포괄적인 관련 문서들이 이해하기 쉬운 예제들과 함께 제공된다.(http://docs.python-requests.org/en/latest/)

플라스크

이 책에서는 플라스크의 다양한 기능 중 일부분만 다루었다. 공식 사이트를 방문하면 플라스크의 기능 전반에 대한 정보를 얻을 수 있다.(http://flask.pocoo.org)

플라스크 확장팩

플라스크 확장팩을 사용하면 사이트에 로그인과 메일 등 다양한 기능을 추가할 수 있다.(http://flask.pocoo.org/extensions/)

부록

SD 카드에 이미지 쓰기

이 책은 라즈비안 운영체제에 초점을 맞추고 있지만, 라즈베리 파이에 설치할 수 있는 운영체제는 여러 가지가 있다. 어느 운영체제를 선택하든지, 디스크 이미지 형태의 파일을 다운로드 하여 SD 카드에 복제하는 식으로 설치하면 된다. 하지만 디스크 이미지를 카드에 복제하는 과정은 생각만큼 간단하지 않다. 이제 디스크 이미지를 SD 카드에 복제하는 방법을 맥 OS X, 윈도우 그리고 리눅스별로 알아보자.

맥 OS X에서 SD 카드에 디스크 이미지 복제하기

1. 터미널 유틸리티를 실행하여 명령어 프롬프트를 띄운다. 터미널 유틸리티는 '/응용프로그램/유틸리티' 폴더에 들어 있다.
2. 컴퓨터의 SD 카드 리더기에 카드를 넣기 전에 df -h라고 입력한다. df 프로그램은 컴퓨터에서 사용 가능한 공간을 확인할 때 주로 사용하지만, 컴퓨터에 어떤 디스크 볼륨이 장착되어 있는지 확인할 때도 사용할 수 있다.
3. 이제 SD 카드를 꽂고 df -h를 다시 실행한다.

4. 새로 출력한 볼륨의 목록을 이전에 출력한 볼륨의 목록과 비교해서 어떤 것이 SD 카드 볼륨인지 가려낸다. 가령, 컴퓨터는 장착된 SD 카드의 볼륨을 /Volumes/Untitled라고 인식하고, 장치의 이름은 /dev/disk3s1으로 인식할 수 있다. 물론 이는 사용자의 컴퓨터 설정에 따라 달라질 수 있다. 장치의 이름은 장착할 때마다, 장착하는 순서에 따라 바뀔 수 있으므로 이미 다른 장치나 디스크 이미지가 장착되어 있다면 장치 이름 뒤에 붙은 번호가 더 높아질 수 있다. 자신의 컴퓨터에 장착된 카드 장치의 이름을 메모해 두자.

5. 카드에 이미지를 쓰려면 먼저 카드 장착을 해제해야 한다. 장착 해제를 하려면 sudo diskutil unmount /dev/disk3s1이라고 입력한다. 단, 실습할 때는 /dev/disk3s1 대신, 앞 단계에서 메모해 둔 자신의 장치 이름을 기입해야 한다. 장착을 해제할 때는 명령어 인터페이스나 디스크 유틸리티를 사용해야 한다. 만약 파인더(Finder)에서 꺼내기를 했다면, 카드를 컴퓨터에서 뽑았다가 꽂은 다음 명령어 인터페이스나 디스크 유틸리티에서 장착을 해제해야 한다. 만약 카드가 장착 해제되지 않으면 카드가 다른 파인더 창에 열려있지는 않은지 확인한다.

6. 이제 카드의 원 장치 이름을 산출해야 한다. 장치의 이름에서 disk를 rdisk로 고치고 s1(파티션 번호)은 제거한다. 가령, 장치 이름이 /dev/disk3s1이었다면 원 장치 이름은 /dev/rdisk3가 된다.

> 💣 원 장치 이름은 매우 신중하게 산출해야 한다. 자칫 잘못 산출했다가는 이미지를 SD 카드가 아니라 컴퓨터의 하드 디스크에 덮어쓰게 되어 소중한 데이터를 모두 잃어버릴 수도 있다. 다음 단계로 넘어가기 전에 다시 한번 df 명령을 사용해서 착오가 없는지 확인하자.

7. 다운 받은 이미지의 압축을 풀고 홈 디렉터리에 옮겨 놓는다. 유 닉스 유틸리티인 dd를 사용하여 이미지의 비트 하나하나를 SD 카 드에 복제할 것이다. 명령은 아래에 나와 있는 대로 하면 된다. 단, 디스크 이미지의 이름은 다운 받은 이미지와 일치하도록 고치고, /dev/rdisk3라고 표기된 부분도 6번에서 산출한 SD 카드의 원 장치 이름으로 고친다.

    명령어 인터페이스에 대해서는 2장에서 자세하게 다루겠지만, 아 래의 명령은 dd 프로그램을 이용해 루트(root) 권한으로 입력 파일 (if)을 출력 파일(of)로 복제하라는 뜻이다.

    ```
    sudo dd bs=1m if=~/2012-09-18-wheezy-raspbian.img of=/dev/rdisk3
    ```

8. 디스크 이미지 전체를 복제하려면 시간이 조금 걸린다. 불행하게도 dd 프로그램은 시각적인 피드백을 제공하지 않기 때문에 답답하더 라도 기다릴 수밖에 없다. 복제가 완료되면 몇 가지 통계적인 정보 가 출력된다. 그러면 SD 카드를 꺼내어 파이에서 사용할 수 있다.

윈도우에서 SD 카드에 디스크 이미지 복제하기

1. Win32DiskImager를 다운로드한다(http://sourceforge.net/projects/ win32diskimager/files/).

2. SD 카드를 리더기에 꽂고 윈도우 탐색기에서 드라이브의 문자를 확인한다.

3. Win32DiskImager를 열고 라즈비안 디스크 이미지를 선택한다.

4. SD 카드의 드라이브 문자를 선택한 뒤 Write를 클릭한다. 만약 Win32DiskImager가 카드에 이미지를 복제하지 못하면 윈도우 탐

색기에서 SD 카드를 포맷하고 다시 시도한다.

5. SD 카드를 꺼내서 라즈베리 파이에 꽂는다. 라즈베리 파이를 사용할 준비가 끝났다.

리눅스에서 SD 카드에 디스크 이미지 복제하기

리눅스는 맥과 거의 유사한 방식으로 이미지를 복제한다.

1. 카드를 리더기에 넣지 않은 상태로 새로운 셸을 실행한 다음, df -h를 입력하여 현재 장착된 디스크 볼륨을 확인한다.

2. 이제 SD 카드를 꽂고 다시 df -h를 실행한다.

3. 장착된 볼륨의 목록을 앞 단계에서 출력했던 목록과 비교해서 어떤 볼륨이 SD 카드인지 확인한다. 장치의 이름은 /dev/sdd1과 유사한 방식으로 표기된다. 컴퓨터의 환경 설정에 따라 이름은 달라질 수 있으니 자신이 사용 중인 SD 카드의 장치 이름을 찾아낸다. 카드의 장치 이름은 메모해 둔다.

4. 카드에 쓰기 위해서는 먼저 카드를 장착 해제해야 한다. umount /dev/sdd1이라고 입력하여 카드를 장착 해제한다. 단, /dev/sdd1이라고 표기된 부분은 사용자의 장치 이름에 맞게 고쳐야 한다. 만약 카드가 장착 해제되지 않는다면 다른 셸에서 해당 디렉터리를 열어두고 있지는 않은지 확인한다.

5. 이제 카드의 원 장치 이름을 산출해야 한다. 원 장치 이름은 장치 이름에서 파티션 번호를 제거한 이름이다. 가령, 장치의 이름이 /dev/sdd1이라면 원 장치 이름은 /dev/sdd다.

💣 원 장치 이름은 매우 신중하게 산출해야 한다. 자칫 잘못 산출했다가는 이미지를 SD 카드가 아니라 컴퓨터의 하드 디스크에 덮어쓰게 되어 소중한 데이터를 모두 잃어버릴 수도 있다. 다음 단계로 넘어가기 전에 다시 한번 df 명령을 사용해서 착오가 없는지 확인하자.

6. 다운 받은 이미지의 압축을 풀고 홈 디렉터리로 옮겨 놓는다. 유닉스 유틸리티인 dd를 사용하여 이미지의 비트 하나하나를 SD 카드에 복제할 것이다. 명령은 아래에 나와 있는 대로 하면 된다. 단, 디스크 이미지의 이름은 다운로드 한 이미지와 일치하도록 고치고, /dev/ssd라고 표기된 부분도 앞의 5번에서 산출한 SD 카드의 원 장치 이름으로 고친다.

```
sudo dd bs=1M if=~/2012-09-18-wheezy-raspbian.img of=/dev/sdd
```

이 명령은 dd 프로그램이 root 권한으로 입력 파일 (if)을 출력 파일 (of)로 복제하라는 뜻이다.

8. 디스크 이미지 전체를 복제하려면 시간이 조금 걸린다. 불행하게도 dd 프로그램은 시각적인 피드백을 제공하지 않기 때문에 답답하더라도 기다릴 수밖에 없다.

복제가 완료되면 몇 가지 통계적인 정보가 출력된다. 그러면 SD 카드를 꺼내도 된다. 하지만 안전을 기하기 위해서 sudo sync를 실행한다. 이 명령은 파일시스템의 쓰기 버퍼를 비운다.

9. 카드를 꺼내고 라즈베리 파이에 꽂는다. 이제 파이를 사용할 준비를 마쳤다.

베리부트

SD 카드에 운영체제를 설치하는 또 다른 방법은 베리부트(BerryBoot) 유틸리티
(http://www.berryterminal.com/doku.php/berryboot)를 사용하는 것이다.
베리부트는 베리터미널 신 클라이언트(BerryTerminal thin client) 프로젝트의 한
부분으로, 하나의 카드에 복수의 운영체제를 설치할 수 있도록 만들어 준다. 베리
부트 이미지를 SD 카드에 넣고 라즈베리 파이에서 부팅하면 대화형 설치 관리자가
나타나 설치 가능한 운영체제 목록을 보여 준다. 베리부트를 사용하기 위해서는 네
트워크에 연결되어 있어야 한다.

찾아보기

ㅎ